Klett Lektürehilfen

Joseph von Eichendorff

# Aus dem Leben eines Taugenichts

Für Oberstufe
und Abitur

von Wolf Dieter Hellberg



Klett Lerntraining

Wolf Dieter Hellberg, langjähriger Leiter eines Bonner Gymnasiums und Fachleiter in der Lehrerausbildung Deutsch.

Die Textzitate folgen den Ausgaben: Joseph von Eichendorff: Aus dem Leben eines Taugenichts. Mit Materialien, ausgewählt von Nicola König. Stuttgart/Leipzig: Ernst Klett Schulbuchverlage 2013 [zit. als K], und Joseph von Eichendorff: Aus dem Leben eines Taugenichts. Novelle. Studienausgabe. Hrsg. von Harry Fröhlich. Stuttgart: Reclam 2012 (Reclams Universal-Bibliothek Nr. 19010) [zit. als: R].

Bibliografische Information der Deutschen Nationalbibliothek
Die Deutsche Nationalbibliothek verzeichnet diese Publikation in der Deutschen Nationalbibliografie; detaillierte bibliografische Daten sind im Internet über http://dnb.dnb.de abrufbar



1. Auflage 2016


www.klett-lerntraining.de
Redaktion: Christine Sämann
Umschlagfoto: Imago, Berlin (United Archives Internatio)
Satz: DOPPELPUNKT, Stuttgart
Druck: medienhaus Plump GmbH, Rheinbreitbach
Printed in Germany
ISBN: 978-3-12-923099-2

# Inhalt

# Handlungsverlauf

Auf den ersten Blick wirkt Joseph von Eichendorffs Novelle *Aus dem Leben eines Taugenichts* einfach und leicht verständlich – fast wie ein Märchen. Der Inhalt und das reine Handlungsgerüst bieten zunächst kaum große Schwierigkeiten. Allerdings fällt auf, dass dem Leser nicht zuletzt durch die Ich-Erzählperspektive im Lauf der Erzählung Informationen fehlen, um beispielsweise die verschachtelte Intrige zu durchschauen. Zudem behindern die Naivität des Erzählers und die vielgestaltige Darstellung von Atmosphäre, Natur und Stimmung sowie die eingeschobenen Lieder zunehmend das Verständnis. Erst im letzten Kapitel vervollständigt sich die Erzählung, so dass von hier aus viele Ereignisse rückblickend verständlich werden.

Die besondere Bedeutung der ersten beiden Kapitel

Die Kapitel 1 und 2, die zunächst 1823 selbstständig – allerdings mit etwas anderem Inhalt und unter dem Titel „Ein Kapitel aus dem Leben eines Taugenichts" zusammengefasst – in der von Karl Schall und Friedrich Barth herausgegebenen Zeitschrift *Deutsche Blätter für Poesie, Litteratur, Kunst und Theater* in Fortsetzungen abgedruckt wurden, enthalten schon viele zentrale Elemente der späteren Novelle. Bereits in den Anfangskapiteln wird der Gegensatz von Arbeit und befreitem Müßiggang thematisiert. Dabei spielen Musik und Natur als Kontrast zur bürgerlichen Arbeit und Mühsal eine herausragende Rolle. Die Musik ist zudem Ausdruck innerster Gefühle und wird zur Sprache der Liebe. Die eingestreuten Gedichte spiegeln diese Gemütsbewegungen wider. Auch die angebetete ‚schöne Frau' äußert ihre Gefühle im Gesang.

Die Verwicklungen und Intrigen sind im ersten Kapitel nur zu erahnen, etwa wenn dem Taugenichts ohne jegliche Befragung die Stelle eines Gärtnerburschen angeboten wird. Zugleich verdeutlicht sich hier die Widersprüchlichkeit im Denken und Handeln des Taugenichts. Überhaupt scheint er von Anfang an überfordert. Er ist der naive Junge vom Dorf, der in die Welt hinausgeht und Ereignisse und Handlungen aus seinem naiven Blickwinkel missversteht.

Seelenlandschaften

Dass es Eichendorff nicht um die Wiedergabe realer Ereignisse, Orte oder Personen, sondern vielmehr um Stimmung, Atmosphäre und Seelenlandschaften geht, zeigt schon der Beginn der Novelle: Ist zunächst von schmelzendem Schnee die Rede, so fliegen schon wenige Zeilen später Lerchen in der Luft (vgl. K 5.5 f. / R 9.14), wogende Kornfelder (vgl. K 5.12 / R 9.21 f.) bestimmen die Landschaft, und ein sommerliches Gewitter kündigt sich an.

Den Textzitaten zugrunde gelegt werden die auf S. 2 genannten Ausgaben. Textbelege sind jeweils mit K bzw. R gekennzeichnet. Aufgrund der klaren Gliederung der Novelle und der Kürze der Kapitel ist eine Orientierung auch in anderen Ausgaben problemlos möglich. Es ist lediglich zu beachten, dass Unterschiede in der Rechtschreibung bestehen können, je nachdem ob und in welchem Umfang sich ein Herausgeber für eine Modernisierung entschieden hat. Das gilt auch für die beiden hier verwendeten Textvorlagen. Die Reclam-Ausgabe folgt dem Erstdruck der Novelle von 1826 in ihrer historischen Gestalt, d. h. in unveränderter Orthographie und Interpunktion, während die Klett-Ausgabe, deren Wortlaut im Folgenden zitiert wird, im Hinblick auf die Rechtschreibung behutsam modernisiert ist. Da beide Ausgaben Erläuterungen zu schwer verständlichen Begriffen und Anspielungen enthalten, wurde darauf in der folgenden Darstellung verzichtet, soweit sie nicht für die Interpretation wichtig sind.

## Erstes Kapitel

| Der Taugenichts auf dem Weg nach Wien | |
| --- | --- |
| | → Abschied von Mühle und Mühsal<br>→ Fahrt mit den beiden Damen in einer Kutsche nach Wien<br>→ Ankunft im Schloss und Annahme der Arbeit als Gärtner<br>→ Enttäuschende Kahnfahrt |

Mit wenigen Worten skizziert Eichendorff die Ausgangssituation seiner Novelle *Aus dem Leben eines Taugenichts*: Während der Müller schon früh am Morgen in seiner Mühle arbeitet, sitzt sein Sohn auf der Schwelle der Mühle und ist offensichtlich gerade erst aufgestanden. Die Reaktion des Vaters zeigt, dass dies keine Ausnahme ist. Verärgert weist er seinen Sohn zurecht, nennt ihn einen „Taugenichts" und schickt ihn von zu Hause fort, damit er sein Brot selbst verdiene, zumal der Frühling gekommen sei. Die Schlafmütze, die der Müller trägt, ist das typische Kleidungsstück des Spießbürgers. Der Sohn des Müllers, dessen Name in der gesamten Novelle unerwähnt bleibt, ist keineswegs überrascht, sondern gesteht, dass ihm selbst die Idee gekommen sei, „auf Reisen zu gehen" (K 3.15 / R 7.18).

Mühle als Metapher für Langweile und Arbeit

Rasch holt der Taugenichts seine Geige aus dem Haus, verlässt die Mühle und ‚schlendert' durch das Dorf mit ‚heimlicher Freude' über alle, die – wie gewohnt tagaus und tagein – arbeiten müssen. Seine Zufriedenheit mit dem Entschluss, sich von der alltäglichen Mühe und Arbeit zu befreien, lässt in ihm das Gefühl ewigen Sonntags aufkommen. Er lässt seine Geige erklingen und singt beim Wandern das Lied „Wem Gott will rechte Gunst erweisen". Dieses Lied steht wie ein Leitmotiv am Anfang der Novelle: Nur der Reisende vermag Gottes Schöpfung zu genießen und ist damit Gott nah, während die „Trägen, die zu Hause liegen" (K 4.3 / R 8.7), von den Alltagssorgen um Kinder und Brot geplagt sind.

Geige als Symbol der Lebensfreude

Lied als Leitmotiv

Als sich der junge Mann umdreht, bemerkt er eine Kutsche, die ihm langsam gefolgt ist. Zwei offenkundig vornehme Damen, die seinem Lied gelauscht haben, bewundern seinen Gesang und fragen nach dem Ziel seiner Wanderung. Die beiden Frauen gefallen dem Taugenichts, vor allem hat es ihm die jüngere angetan. Spontan antwortet er, dass er nach W. (wahrscheinlich Wien) wolle. Es stellt sich heraus, dass auch die beiden jungen Damen zufällig W. als Ziel haben. Sie fordern den Taugenichts auf, hinten auf den Wagen zu steigen und mitzufahren.

Die Reise nach Wien

Hitze, gewittrige Luft und die wogenden Kornfelder lassen im Taugenichts sehnsuchtsvolle Erinnerungen an seinen Vater, die Mühle und den Weiher aufkommen. Noch mehrfach wird sich der junge Müllersohn in der Wärme der Mittagszeit voller Heimweh an die Kühle seiner Heimat erinnern. Mit dem Gedanken an eine Rückkehr schläft er ein. Als er erwacht, ist die Kutsche an einem prachtvollen Schloss angekommen, von dem aus man Wien sieht. Seine beiden Begleiterinnen sind zunächst verschwunden, dafür wird der Taugenichts in der Halle des Schlosses von einem großen „Herr[n] in Staatskleidern“ (K 5.29 / R 10.4 f.) mit einer „außerordentlich langen gebognen kurfürstlichen Nase“ (K 5.31 f. / R 10.7 f.) gefragt, was er wolle. Im nächsten Augenblick aber bietet ihm – im Namen der Herrschaften – eine andere Bedienstete die Stelle eines Gärtnerburschen an. Da er auf der Reise sein Geld verloren hat, das ihm der Vater beim Abschied gegeben hat, nimmt er ohne nachzudenken die Stelle an. So ist er, ohne sein Zutun, „im Brote“ (K 6.25 / R 11.5).

Das Schloss

Der Taugenichts beklagt sich jedoch über die Arbeit, die ihn daran hindert, im Garten herumzuspazieren. Seine freie Zeit nutzt er, um Pfeife zu rauchen und darüber nachzudenken, wie er „die eine junge schöne Dame [...] unterhalten wollte“ (K 6.34 f. / R 11.15–17), wenn er ein Adliger wäre. Tatsächlich sieht er die schöne Reisebegleitung von Ferne, und sie scheint ihm wie ein „Engelsbild“ (K 7.8 / R 11.25 f.). Seine Verliebtheit bekundet er mit einem Lied über eine „schöne gnäd'ge Fraue“ (K 7.15 / R 11.33). Er bricht sein Lied ab, als er bemerkt, dass ihn aus den „halbgeöffneten Jalousien“ (K 7.18 / R 12.2) eines kleinen ‚Lusthauses‘ „zwei schöne junge frische Augen“ (K 7.18 f. / R 12.3) beobachten. Als ihm am Abend von einer Kammerzofe eine Flasche Wein gebracht wird, die die „vielschöne gnädige Frau“ geschickt hat, glaubt er an ein Liebeszeichen der Dame, die er nun verehrt. Begeistert singt er alle Lieder, die er kennt.

Die Liebe zu der jungen schönen Dame

Über eine Woche lang beobachtet der Taugenichts nun in aller Frühe das Fenster seiner ‚allerschönsten Frau‘ vom Garten aus, schaut zu, wie sie ans offene Fenster tritt, sich die Haare zurechtmacht und Gitarre spielt. Ein

Niesanfall verrät ihn schließlich, und peinlich berührt traut er sich tagelang nicht mehr in den Garten. Tatsächlich taucht die junge Dame auch nicht mehr am Fenster auf, dafür erblickt er einige Fenster weiter die ältere der beiden Frauen, die „recht schön rot und dick und gar prächtig“ (K 9.8 f. / R 13.34 f.) anzusehen ist. Ihr macht der junge Mann Komplimente, die auch dankend angenommen werden.

An einem Sonntagmorgen schließlich sitzt der Taugenichts am Ufer eines Teiches in einem Kahn und ärgert sich darüber, dass er nicht – wie die anderen jungen Männer – zum Tanz hinausgezogen ist. Da überrascht ihn eine Gesellschaft junger Leute aus dem Schloss. Mitten unter ihnen befinden sich die beiden Damen, die er auf der Kutschfahrt kennengelernt hat. Die jüngere kommt ihm – mit einer Lilie in der Hand – wie ein Engel vor, unerreichbar wie die Jungfrau Maria, deren Erkennungszeichen die Lilie ist. Die ältere erblickt den Taugenichts und fordert ihn auf, die adlige Gesellschaft mit einem Kahn ans andere Ufer des Teiches zu rudern. Sie ist es auch, die den Taugenichts auffordert, ihnen bei der Überfahrt ein Lied vorzusingen. Ein junger Adliger unterstreicht theatralisch diesen Wunsch: „Ein Volkslied, *gesungen* vom Volk in freiem Feld und Wald, ist ein Alpenröslein auf der Alpe selbst, [...] ist die Seele der Nationalseele.“ (K 10.25–27 / R 15.21–24) Zunächst weigert sich der Taugenichts, etwas zu singen, bis er seine ‚schöne Frau‘ erblickt, die ihn anschaut. Sein Lied nimmt das Thema der unerfüllbaren Liebe eines einfachen Mannes zu einer hochgestellten schönen Frau auf und endet pathetisch mit Todessehnsucht: „Ich grabe fort und singe / Und grab’ mir bald mein Grab.“ (K 11.21 f. / R 16.19 f.)

Das Lied von der unerfüllbaren Liebe zu der ‚hohen‘ Frau

Als die adlige Gesellschaft den Kahn verlässt, glaubt der Taugenichts, dass man ihn verspottet und über ihn gelacht hat. Niedergeschlagen, weil er „so arm“ ist und seine Angebetete „so reich“, bricht er „vor Scham und vor Schmerz“ (K 11.32 / R 16.31 f.) in Tränen aus.

## Zweites Kapitel

| Der Taugenichts als Zolleinnehmer | |
|---|---|
| | ➟ Wandlung zum Philister |
| | ➟ Das Blumengärtchen |
| | ➟ Der missverstandene Auftrag |
| | ➟ Enttäuschende Beobachtung |
| | ➟ Sentimentaler Aufbruch nach Italien |

Der Taugenichts als Zolleinnehmer: Verwandlung zum Spießer

Gegenüber dem Garten, in dem der Taugenichts arbeitet, steht ein kleines Zollhaus, hinter dem sich ein Blumengärtchen befindet. Als der Zolleinnehmer gestorben ist, wird er durch die „gnädige Herrschaft" wegen seiner besonderen Verdienste zum Nachfolger bestimmt. Weil er sich schon zu Hause eine derartige Ausstattung gewünscht hat, übernimmt er den roten Schlafrock, die Schlafmütze, die Pantoffeln und die Pfeife seines Vorgängers. Damit ist der Taugenichts gekleidet wie ein Philister, den er bisher verabscheut hat. Nicht nur in der Kleidung, auch in seiner Haltung wird er zum kleinbürgerlichen Spießer. Weil es nichts zu tun gibt, sitzt er vor seinem Häuschen und beobachtet die Leute. Sogar der Gedanke, nicht mehr zu reisen, keimt in ihm auf. Völlig will er das Nützlichkeitsdenken seines kleinbürgerlichen Vorgängers jedoch nicht fortsetzen. Anstelle des Kartoffelackers legt der Taugenichts einen prachtvollen Blumengarten an. Seine verehrte schöne Frau vermeint er in der Ferne zu hören. Täglich bringt er einen Strauß der schönsten Blumen und legt sie jenseits der Mauer auf einen Steintisch. Am nächsten Tag ist der Strauß verschwunden.

Das Blumengärtchen

Nach einer Jagd, an der auch seine Angebetete teilgenommen hat, trifft er diese zufällig im Park, als er einen neuen Blumenstrauß niederlegen will. Verwirrt und voller Glück, dass sie den Blumenstrauß vom vorhergehenden Tag trägt, wagt er es, sie anzusprechen. Doch rasch verschwindet die geliebte Dame, ohne ein Wort zu verlieren. Seine tiefempfundene Liebe verwirrt den Taugenichts tagelang so sehr, dass seine Buchführung zu einem Verwirrspiel wird. Die Zahlen werden zu Figuren und Gegenständen, die vor seinen Augen herumtanzen. Und seine Angebetete wird mit einem Mal zur schlanken Eins, ohne sie bleibe er nur eine „arme Null […] ewig Nichts“ (K 16.4 f. / R 21.27 f.)

Auch das „Sitzen draußen vor der Tür“ langweilt den Taugenichts. Besonders verstört ihn, dass seit diesem Treffen mit der jungen Dame die Blumensträuße nicht mehr abgeholt werden. Damit verliert er auch die Freude an seinem Gärtchen, und er lässt das Unkraut sprießen. Ein neuer Hoffnungsschimmer keimt aber in ihm auf, als er von der Kammerjungfer den Auftrag erhält, für die gnädige Frau einen besonders schönen Strauß für ein Fest zusammenzubinden, den die gnädige Frau persönlich in der Nacht als Gärtnerin verkleidet abholen werde. Das Fest werde mit einer Maskerade zu Ehren der Rückkehr des gnädigen Herrn gefeiert. Die Bemerkung des Taugenichts, dass sich dann dessen Tochter besonders freuen werde, stößt bei der Kammerzofe auf Unverständnis. Erneut wird hier eines der Missverständnisse der Novelle deutlich: Der Taugenichts hält seine Angebetete für ein adliges Fräulein und daher für unerreichbar.

Das Missverständnis

Seine neu aufgeblühte Liebe lässt ihn den nächtlichen Wald und den herrschaftlichen Garten aus tiefstem Gefühl genießen. Allerdings wird ihm beim Warten doch etwas unheimlich zumute, und er klettert auf einen Baum. Von hier aus kann er die Tanzmusik aus dem Schloss besser hören. Dabei stellt er traurig fest:

> „Alles ist so fröhlich, um dich kümmert sich kein Mensch. – Und so geht es mir überall und immer. Jeder hat sein Plätzchen auf der Erde ausgesteckt, hat seinen warmen Ofen, seine Tasse Kaffee, seine Frau, sein Glas Wein zu Abend, und ist so recht zufrieden; […]. – Mir ist's nirgends recht. Es ist, als wäre ich überall eben zu spät gekommen, als hätte die ganze Welt gar nicht auf mich gerechnet. –“ (K 19.13–19 / R 25.18–26)

„Überall zu spät“

Auf seinem Baum hockend muss er schließlich enttäuscht erkennen, dass die Gärtnerin die ältere gnädige Frau ist. Die Kammerzofe, die sie begleitet hat, stellt kichernd fest, dass der Taugenichts doch nichts sei als ein verschlafener „Lümmel“ (K 20.18 / R 26.33). Die Gräfin dagegen reagiert empört und kehrt zum Schloss zurück.

Der junge Offizier und die schöne Frau

Wenige Augenblicke später sieht der Taugenichts, dass seine Angebetete mit einem attraktiven Offizier auf den Balkon des Schlosses tritt und ein Gespräch führt. In das Begeisterungsgeschrei der Höflinge stimmt der Taugenichts ein, verfällt dann aber in tiefe Resignation, weil die schöne Frau schon lange verheiratet sei. In der kühlen Morgenluft erwacht er, noch immer auf dem Baum sitzend, und sieht in der Ferne die Donau, Brücken und Weinberge. Neue Reiselust regt sich in ihm. Zu seinem Häuschen zurückgekehrt erblickt er seine Geige, der er zuruft: „[...] komm nur her, du getreues Instrument! Unser Reich ist nicht von dieser Welt! –" (K 22.35 f. / R 29.27 f.) Mit diesem Ausspruch Jesu (vgl. Johannes 18,36) zeigt er einerseits sein Gottvertrauen, gleichzeitig aber mischt sich ein tragischer Ton des Unverstandenseins in die Novelle.

Neue Reiselust und melancholische Gedanken

Der Aufbruch nach Italien ist von gemischten Gefühlen begleitet: „traurig und doch auch wieder so überaus fröhlich" (K 23.3 f. / R 29.35). Wie beim Verlassen der väterlichen Mühle gibt sich der Taugenichts auch jetzt in die Hand Gottes, ihn will er walten lassen (vgl. die erste Liedzeile). Wie damals „jubilierten unzählige Lerchen hoch in der Luft" (K 23.12 f. / R 30.9). Mit der Wiederholung des Liedes „Den lieben Gott lass ich nur walten" aus dem ersten Kapitel schließen sich die beiden Kapitel kreisförmig.

## Drittes Kapitel

| Der Weg nach Italien | |
|---|---|
| | ➟ Flucht vor dem Bauern |
| | ➟ Die Idylle des Schäfers |
| | ➟ Der Tanz im Dorf |
| | ➟ Die reiche Tochter des Gastwirts |
| | ➟ Die beiden Maler auf der Reise nach Italien |

Auf dem Weg nach Italien

Allerdings bemerkt der Taugenichts nach seinem Aufbruch in die Ferne, dass er den Weg nach Italien gar nicht kennt. Zunächst ist kein Mensch zu sehen, denn es ist Sonntag. Als er einen Bauern, der offenbar zur Kirche geht, nach dem Weg fragt, erhält er eine übellaunige Antwort. Kurze Zeit überlegt er, in sein Dorf zurückzukehren, doch fürchtet er den Spott der Leute. Zudem fällt ihm ein, was sein Freund, der Portier, von Italien erzählt hat. Dort sorge der liebe Gott für einen, zum Beispiel wüchsen Rosinen „ins Maul" (K 24.15 / R 31.17 f.).

Traum und böses Erwachen

Noch von der vorhergehenden Nacht müde steigt der Taugenichts über einen Zaun in einen Baumgarten und legt sich unter einen Apfelbaum. Beim Gesang der Vögel und mit den Gedanken an seine Mühle schläft er ein und träumt von seiner schönen Frau. Doch der angenehme Traum geht über in alptraumhafte Bilder, und er erwacht „mit heftigem Herzklopfen" (K 25.20 / R 32.29). Als er die Augen aufschlägt, steht der Bauer, den er zuvor nach dem Weg nach Italien gefragt hat, im Sonntagsstaat vor ihm und beschimpft ihn als „Faulenzer" (K 25.28 f. / R 33.3), der überdies nicht zur Kirche gehe. Der Taugenichts verweist, um bei dem Bauern Anerkennung zu erlangen, auf seine frühere Position als Gärtner und Zolleinnehmer. Der Bauer jedoch geht so angriffslustig auf den Taugenichts zu, dass dieser die Flucht ergreift.

Während er sich noch über das Verhalten des Bauern ärgert, kommt er von der Landstraße ab, gerät in einen Wald und steigt auf einem Holzweg ins Gebirge. Wieder begibt er sich unter Gottes Führung und lässt seine Geige „recht fröhlich in dem einsamen Walde" (K 26.23 / R 33.36) erklingen. Den ganzen Tag irrt er im Wald herum, bis er schließlich auf einer Wiese am jenseitigen Ufer eines Baches einen Schäfer erblickt, der „melancholisch auf seiner Schalmei" (K 26.34 R 34.13) spielt. Verblüffend ist die Feststellung des Taugenichts, der Schäfer sei ein „Faulenzer", während er selbst „sich in der Fremde herumschlagen und immer attent sein" (K 27.1 / R 34.16 f.) müsse. Von ihm erfährt der Taugenichts den Weg zum nächsten Dorf.

Neid auf den faulenzenden Schäfer

In der Dämmerung muss er einen Wald durchqueren, kommt aber schließlich erleichtert zu einem Platz mit einer Linde und einem Wirtshaus. Dort sitzen einige kartenspielende Bauern, junge Mädchen und Burschen.

Volkstanz im Dorf

Schon am Waldesrand spielt der Taugenichts zur Überraschung aller einen Volkstanz auf seiner Geige. Kaum hat er angefangen, so beginnt das „junge Bauernvolk" (K 27.30 / R 35.12 f.) zu tanzen. Ein Geldstück, das man ihm für sein Spiel in die Hand drücken will, weist er zurück, weil er „nur so aus Freude" spiele, weil [er] wieder bei Menschen" (K 28.11 f. / R 35.30 f.) sei.

Die Tochter des Gastwirts

Ein hübsches Dorfmädchen bringt dem Taugenichts ein Glas Wein, und sofort möchte dieser sie küssen. Als die dörfliche Gesellschaft sich später auf den Heimweg macht, gibt das Mädchen dem Taugenichts recht eindeutige Hinweise, dass sie ihn noch in die Gastwirtschaft ihres Vaters einladen möchte. Sie geht sogar so weit, den Taugenichts mit dem Reichtum des Vaters zu locken. Allerdings missversteht der Taugenichts alle Andeutungen, sogar das Geschenk einer roten Rose vermag er nicht einzuordnen. Wieder einmal ist er in verführerischen Situationen unschuldig, arglos und kindlich bis zur Komik.

Als mit großem Lärm und wütenden Beschimpfungen ein betrunkener Barbier aus der Gaststube geworfen wird, weil er die Zeche nicht bezahlen will, flieht das junge Mädchen ins Haus. Nun geht dem Taugenichts durch den Kopf, mit welch geringem Aufwand er sein Glück machen könnte: Das Mädchen ist „jung, schön und reich" (K 30.12 / R 37.35 f.), kurz denkt er sogar an Heirat. Die Begründung, warum er das Gasthaus nicht betritt, ist banal: Er hat kein Geld bei sich.

Die beiden geheimnisvollen Reiter

Der prächtige Mond, das Rauschen der Bäume und die Wolken lassen ihn sehnsuchtsvoll an die väterliche Mühle und das Schloss der gnädigen Frau denken. Schmerzlich glaubt er sich von allen verlassen: „[…] allen ist's gleich, ob ich noch da bin, oder in der Fremde, oder gestorben. –" (K 30.30 f. / R 38.20–22) Seine Gedanken werden unterbrochen durch zwei Reiter, die der Taugenichts für Räuber hält. Bevor er sich auf einem Baum verstecken kann, haben die beiden ihn entdeckt und fragen nach dem Weg nach B. Als der Taugenichts im Gasthof nachfragen will, zieht einer der beiden Reiter seine Pistole und zwingt den Taugenichts, ihnen allein den Weg zu weisen. Wie dieser nun selbst zugeben muss, zieht er mit seinen beiden Begleitern „recht närrisch auf gut Glück in die mondhelle Nacht hinein" (K 32.12 / R 40.9 f.).

Zwar verwirren den Taugenichts die beiden Reiter, auch weil sie sich in einer fremden Sprache unterhalten, doch im Morgengrauen beim Gesang der Lerchen fällt alle Furcht von ihm ab. Jetzt erkennt einer der beiden Reiter den Taugenichts als den Zolleinnehmer vom Schloss. Ihm dagegen fällt nicht auf, dass die vermeintlichen Räuber verkleidet sind.

Das Geheimnis der beiden Reiter

Später wird sich herausstellen, dass es sich um die Gräfin Flora und ihren Geliebten Leonhard handelt. Beide befinden sich auf der Flucht vor Floras Mutter, der Gräfin vom Schloss in Wien. Sie will die Hochzeit der beiden Flüchtigen verhindern. Zum zweiten Mal trifft der Taugenichts auf zwei Personen, die seinen weiteren Reiseweg maßgeblich bestimmen. Die glückliche Fügung will es, dass die beiden Reiter das gleiche Ziel – Italien – haben. Sie bieten dem Taugenichts eine Stelle als Diener an. Als dieser seine Geige ergreift und spielt, tanzen die beiden „Männer" ausgelassen auf der Wiese. Gleichzeitig entdecken die beiden das Dorf B. Doch anstatt weiterzureiten, legen sie zunächst eine Rast mit einer üppigen Mahlzeit ein. Merkwürdigerweise wollen sie nicht „zu früh" (K 33.31 / R 41.36) im Dorf eintreffen. Die beiden Reiter stellen sich, nachdem sie den Taugenichts nachdrücklich gefragt haben, ob er sie zufälligerweise kenne, als die Maler Leonhard und Guido vor.

Glückliche Fügung

Nach dem Essen greift der jüngere, schlankere der beiden Reisenden, mit auffälligen Locken und einem hübschen Gesicht, nach der Geige und singt ein Lied, das in Einklang mit den Empfindungen und dem Naturgefühl des Taugenichts steht. Die „schwarzen verliebten Augen" (K 34.25 / R 42.33–43.1) des Malers Guido fallen dem Taugenichts zwar auf, er zieht aber keinerlei Schlüsse daraus. Müde schläft er ein, bis ihn der junge Maler mit seinen schwarzen Augen und den auffallenden Locken zur Weiterreise weckt.

## Viertes Kapitel

| Die Kutschfahrt nach Italien | ➟ Der Rückblick auf die Ereignisse im Dorf B.<br>➟ Die rasende Fahrt nach Italien<br>➟ Das Dorfgasthaus<br>➟ Das bucklichte Männlein<br>➟ Die unangekündigte Abreise von Guido und Leonhard |
|---|---|

Rückblick auf das zurückliegende Geschehen

Während der Taugenichts die Reise mit einer vierspännigen Kutsche – neben dem Postillion sitzend – genießt, gewährt er dem Leser kurz einen Rückblick auf die vorhergehenden Geschehnisse in B. Schon vor dem Dorf wurden die beiden Maler von einem ‚grämlichen' Herrn unter vielen Verbeugungen empfangen. Im Dorf wartete dann eine prächtige Kutsche mit vier Pferden. Der Maler Leonhard hatte die Kleidung des Taugenichts moniert und kleidete ihn ein mit „Frack und Weste" und einem „ganz neuen Hut" (K 36.2–4 / R 44.18,21).

Die rasende Fahrt nach Italien

Dann brechen sie mit der Kutsche und dem Postillion auf. Die rasende Fahrt wird nur kurz unterbrochen, damit von kleinen Wirtshäusern aus Essen zum Wagen gebracht werden kann. Auch über dieses merkwürdige Verhalten wundert sich der Taugenichts nicht, ebenso wenig wie darüber, dass tagsüber die beiden Insassen der Kutsche die Vorhänge zugezogen haben. Allmählich verfällt er in ein „entsetzliches und unaufhaltsames Schlafen" (K 36.31 / R 45.17 f.). Von dem Verlauf der Reise bekommt er so lange nichts mit, bis sie einen kleinen Gasthof auf dem Lande erreichen.

Während die Maler einige Briefe schreiben, begibt sich der Taugenichts in die Gaststube, um etwas zu essen. Hier kommt ihm alles recht ungepflegt und die Mägde schlampig vor. Während er isst, tritt „ein Männlein, […] ganz kurz und bucklicht", der einen „großen grauslichen Kopf mit einer langen römischen Adlernase und sparsamen roten Backenbart" (K 37.21–26 / R 46.12–18) hat, an seinen Tisch. Er fragt den Taugenichts in einem Kauderwelsch aus Deutsch und Italienisch unter anderem nach seiner Aufgabe und dem Reiseziel aus. Natürlich kann der Taugenichts nicht ahnen, dass dies ein

Der bucklige Spion von Floras Mutter

Spion der Mutter der jungen Gräfin Flora – alias Guido – ist.

Schließlich geht er entnervt vor die Tür und fühlt ein tiefes Unbehagen, als sei er mit seiner Muttersprache „tausend Klafter tief ins Meer versenkt" (K 38.14 / R 47.5). Seine Stimmung verbessert sich zusehends in der warmen Sommernacht. Der Gesang und das Zitherspiel von Guido auf einem Balkon des Wirtshauses machen ihn so schläfrig, dass er erschöpft einschläft. In seine Träume hinein schallt ein Posthorn, das ihn weckt. Zu seiner Überraschung sind seine beiden Begleiter verschwunden, in ihrem Zimmer findet er nur einen vollen Geldbeutel mit seinem Namen. Von einer Magd erfährt er, dass Guido plötzlich das bucklige Männlein auf einem Schimmel habe fortreiten sehen und laut aufgeschrien habe.

Die unangekündigte Abreise von Guido und Leonhard

Der Taugenichts muss feststellen, dass für seine Weiterreise schon alles durch „Laufzettel" (K 40.21 / R 49.23) festgelegt ist und dass eine Kutsche auf ihn wartet. Allein setzt er die Fahrt fort. Was er nicht ahnt, ist, dass er den Spion der Mutter von Flora auf eine falsche Spur locken soll.

## Fünftes Kapitel

- Die rastlose Fahrt durch unbekannte Gebiete
- Ankunft im Schloss und überraschender Empfang
- Eigentümliches Verhalten der Schlossbewohner

Die einsame Fahrt im Gebirge

Wieder geht es in rasender Fahrt über „Berg und Tal Tag und Nacht" (K 41.1 / R 50.2), ohne dass der Taugenichts Bescheid über das Ziel weiß. Er bildet sich ein, „Menschen und Länder" (K 41.12 / R 50.14) kennenzulernen, dabei fliegen die Städte und Landschaften an ihm vorbei. Allmählich geht ihm allerdings das Geld aus, weil er an den Poststationen und in den Gastwirtschaften viel zahlen muss. Schon überlegt er sich, ob er in einem finsteren Wald aus der Kutsche fliehen könnte, doch die Fahrt geht in immer steileres Gebirge. In dieser einsamen Gegend mit engen Schluchten quert der unheimliche Bucklige den Weg der Kutsche, was den Kutscher zu hämischem Gelächter anregt.

Das einsame Schloss im Gebirge

Schließlich erreicht die Kutsche ein „großes altes Schloss mit vielen Türmen im hellsten Mondenschein" (K 43.1 f. / R 52.13–15) auf dem Gipfel eines Berges. Zu seiner Überraschung wird der Taugenichts von Bediensteten des Schlosses wie ein ‚großer Herr' mit Verbeugungen empfangen. Dass er sich auf dem Schloss von Leonhard befindet und man ihn hier für die junge Gräfin Flora hält, kann der Taugenichts nicht ahnen. Allerdings überrascht ihn das Verhalten der Mägde im Schloss, als hätten sie „noch kein Mannsbild gesehen" (K 44.8 f. / R 53.26). Auch eine alte Frau blickt den Taugenichts schelmisch an, als wisse sie etwas von ihm. Ein köstliches Mahl wird ihm serviert, und man geleitet ihn zu einem prachtvollen Himmelbett. „[V]oller Vergnügen" (K 45.22 / R 55.10) schläft er endlich ein.

Die Verwechslung des Taugenichts mit der Gräfin Flora

## Sechstes Kapitel

| Der Aufenthalt im Schloss | ➞ Seltsame Vorkommnisse auf dem Schloss<br>➞ Der Brief von Aurelie<br>➞ Die turbulenten Ereignisse in der Nacht<br>➞ Die Flucht in den Wald |
|---|---|

Der blasse Jüngling

Immer seltsamer kommt dem Taugenichts das Verhalten der Schlossbewohner vor, ohne dass er dafür Erklärungen findet. So ist morgens die Tapetentür zum Nachbarzimmer, in dem das junge Mädchen schläft, das ihn am Abend zuvor bedient hat, nur angelehnt. In der Morgendämmerung entdeckt er einen blassen Jüngling, der seufzend in einem Buch liest, erschreckt aufspringt, als er den Taugenichts erblickt, und schließlich – nach wirren Komplimenten – Reißaus nimmt.

Als der Taugenichts auf seiner Geige spielt, sind die Bewohner des Schlosses „verwundert", dass er „so artig auf der Geige spielen" (K 47.17 / R 57.18) kann. Auf die Frage des Taugenichts, wem das Schloss gehöre, blinzelt ihm die Magd vertraulich zu, als müsste er das selbst genau wissen. Die anderen Mägde kichern, wenn der Taugenichts Wein trinkt oder raucht. „Am verwunderlichsten" ist ihm „eine Nachtmusik" (K 47.36 / R 58.2 f.), die nächtelang unter seinem Fenster erklingt. Doch er bleibt unbekümmert und ohne Argwohn, genießt die Aufmerksamkeit der Schlossbediensteten und fühlt sich „wie ein verwunschener Prinz" (K 48.15 / R 58.20 f.). Allerdings stellt er fest, dass er allmählich vom guten Essen und Trinken sowie vom Faulenzen „melancholisch zu werden" (K 48.29 / R 58.36) droht.

Seltsame Verhaltensweisen der Schlossangestellten

Ein Posthorn in der Ferne ruft in ihm ein Lied in Erinnerung, das er noch zu Hause von einem wandernden Handwerksburschen gelernt hat. Wenn man in die Fremde wandern wolle – so besagt das Lied –, solle man mit der Liebsten gehen. Wer allein wandert, den ließen die ‚Fremden' alleine stehen. Sehnsuchtsvoll wird in dem Lied der „Heimat hinter den Gipfeln" (K 49.12 / R 59.23) gedacht, die so weit entfernt sei. Mit einem Gruß an Deutschland endet es.

Das Lied vom Wandern mit der Liebsten

Schließlich erreicht die Postkutsche das Schloss. Sogar der Taugenichts erhält einen Brief. Dieser ist von Aurelie und vermittelt die Botschaft, dass alle „Hindernisse" beseitigt seien, man zurückeilen solle, dass alles „öde" sei und sie „kaum mehr leben wolle" (K 50.1–5 / R 60.15–19) ohne die Person, an die der Brief gerichtet ist. Der Taugenichts kann weder ahnen, dass der Brief an Flora gerichtet ist, noch dass man ihn im Schloss für Flora hält, die als Maler Guido verkleidet ist und sich zur Tarnung ganz männlich verhält. Überglücklich liest der Taugenichts den Brief immer wieder. Im Gefühl, geliebt zu werden, lädt er alle Bediensteten des Schlosses zum Essen in den Garten, spielt Geige und tanzt schließlich sogar mit dem blassen Studenten, der ihm so geheimnisvoll folgt. Der alten Frau, die ihn schon mehrmals augenzwinkernd betrachtet hat, weil sie glaubt, Floras Verkleidung durchschaut zu haben, teilt er schließlich mit, dass er sofort abreisen müsse.

Der missverstandene Brief von Aurelie

In diesem Augenblick verändert sich das Verhalten des Schlossverwalters und der alten Haushälterin. Sie stecken ihre Köpfe zusammen und machen finstere Mienen. Nachts sieht der Taugenichts von seinem Fenster aus, dass der Verwalter ein langes Messer bei sich trägt.

Todesangst

Zu Tode erschreckt fallen dem Taugenichts Märchen von Menschenfressern und Mordgeschichten ein. Als er dann noch feststellen muss, dass er in seinem Zimmer eingeschlossen ist, überkommt ihn Todesangst. In diesem Moment hört er wieder Gitarrenspiel unter seinem Fenster. Dem Musikanten wispert er Laute zu, springt aus dem Fenster und wird in demselben Moment von

Die Flucht vor der eingebildeten Gefahr

dem blassen Studenten heftig umarmt. Dieser führt den Taugenichts durch den Garten hinaus in den Wald. Hier fällt er vor ihm auf die Knie und redet in unverständlicher Sprache auf den Taugenichts ein. Tatsächlich gesteht er ihm seine Liebe, denn er hält den Taugenichts für ein Mädchen. Dieser wiederum hält den jungen Mann für verrückt, flieht in den Wald und hört noch lange das Geschrei des Verliebten. Der Tumult ist auch im Schloss nicht ungehört geblieben, und man sucht mit Fackeln nach dem Entflohenen. Dieser hat sich zunächst auf einen Baum zurückgezogen, bevor er in das „Tal und die Nach hinaus“ (K 54.17 / R 65.21 f.) läuft.

## Siebentes Kapitel

| Die Ankunft in Rom | → Das Phantasiebild von Rom<br>→ Der Gesang aus dem Garten<br>→ Der deutsche Maler<br>→ Das Bild der Geliebten |
| --- | --- |

Auf seiner fluchtartigen Wanderung erfährt der Taugenichts, dass er sich in der Nähe von Rom befindet. Große Freude überkommt ihn, denn schon früher hatte er sich

Das Traumbild von Rom

ein Traumbild ausgemalt „mit wundersamen Bergen und Abgründen am blauen Meer, […] goldenen Toren und hohen glänzenden Türmen“ (K 54.27 f. / R 66.4–6). In einer prächtigen Mondnacht sieht er dann tatsächlich Rom in der Ferne und dahinter das Meer.

Es wird deutlich, dass es Eichendorff auch hier nicht um die Beschreibung der realen Stadt Rom geht, sondern um eine gefühlsbetonte, poetische Erdichtung der Stadt. Hatte der Taugenichts sich zu Hause der phantastischen Vorstellung hingegeben, dass Rom am Meer liegt, so stimmt die Beschreibung überein mit dem Wunschbild: „Das Meer leuchtete von weitem" (K 54.32 / R 66.10). Und „die goldenen Kuppeln" glänzen, „als ständen wirklich die Engel in goldenen Gewändern auf den Zinne" (K 55./15–17 / R 66.28–30).

Rom als romantische Illusion

Als der Taugenichts Rom erstmals betritt, häufen sich die romantischen Versatzstücke in seiner Beschreibung: Brunnen rauschen, erfrischende Düfte erfüllen die Luft, der Mond scheint auf Marmorstufen, und aus einem Garten klingt der liebliche Gesang einer Frau. Verwundert erkennt der Taugenichts das Lied, das seine schöne Frau in Wien gesungen hat. Von Sehnsucht erfüllt, klettert er über das vergoldete Gittertor in den Garten, aus dem er den Gesang gehört zu haben glaubt. Tatsächlich bildet er sich ein, seine geliebte Frau zu erkennen, die im Mondschein in ein Haus eilt. Doch er sieht durch die Jalousien des Hauses nur noch „zwei helle Augen […] im Mondschein" (K 56.18 f. / R 68.2 f.) hervorfunkeln. Um zu zeigen, wer er ist, spielt er vor dem Haus alle Lieder, die er früher vor dem Schloss vorgetragen hat. Müde legt er sich schließlich auf die Schwelle des Hauses und schläft ein. Als er am nächsten Morgen feststellt, dass das Gartenhaus offenbar lange schon unbewohnt ist, überkommt ihn Angst und er flieht.

Romantische Versatzstücke in der Beschreibung Roms

Der geheimnisvolle Gesang

Aber die in der Morgensonne funkelnde Stadt weckt seine Glücksgefühle wieder, und auf einem Brunnenrand singt er das Lied: „Wenn ich ein Vöglein wär'" (K 57.24 / R 69.17). Noch glücklicher ist er, als er von einem jungen Mann auf Deutsch angesprochen wird. Es handelt sich um einen Maler, der den Taugenichts sofort zum Frühstück einlädt und ihm verspricht, ihn zu porträtieren. In seiner unaufgeräumten Stube zeigt der Maler dem Taugenichts ein Bild, das die Geburt Christi darstellt. Für den Kopf eines Hirtenknaben porträtiert er den Taugenichts. Als dieser sich später in der Stube umsieht, fallen ihm Gemälde von Leonardo da Vinci und

Der deutsche Maler

Der Taugenichts als Hirtenknabe

Guido Reni ins Auge. Stolz erklärt er, dass er diese beiden Maler gut kenne, denn er sei mit ihnen Tag und Nacht gereist. Nun begreift der Maler, wen er vor sich hat. Er eröffnet dem Taugenichts, dass eine Gräfin aus Deutschland in Rom nach den beiden Malern und einem jungen Musiker suche. Als der Maler dem Taugenichts zu guter Letzt ein von ihm gemaltes Porträt der geliebten schönen Frau zeigt, stürzt dieser aus dem Zimmer und eilt zu dem Gartenhaus.

Das Gemälde der geliebten schönen Frau

## Achtes Kapitel

| Die vergebliche Suche nach der geliebten Frau | |
|---|---|
| | ➟ Das unauffindbare Gartenhaus<br>➟ Das nachgestellte Bild einer musikalischen Idylle<br>➟ Die Störung und der geheimnisvolle Brief<br>➟ Die Einladung in das Gartenhaus<br>➟ Fatale Verwechslung<br>➟ Abschied von Rom |

Orientierungslosigkeit

Doch der Taugenichts verliert im Gedränge der Stadt die Orientierung und findet weder den Brunnen noch das Haus vom Tag zuvor. Wie ein Traum erscheint ihm das Vergangene. In der Mittagshitze überkommt ihn wieder Heimweh, und vor einem prächtigen Haus schläft er schließlich im Schatten eines Balkons ein. Als er erwacht, bemerkt er über sich in einem Fenster einen kreischenden Papagei, mit dem er auf Deutsch ein Streitgespräch beginnt, während der Papagei auf Italienisch antwortet. Der Maler, mit dem der Taugenichts eigentlich verabredet ist, amüsiert sich über diese Konversation.

Er fordert schließlich den Taugenichts auf, ihn zu einem Garten vor der Stadt zu begleiten, wo er auf Landsleute treffe und vielleicht Näheres über die deutsche Gräfin erfahren könne. In diesem Garten begegnen sie jungen Männern und Mädchen, die gespannt auf zwei junge Frauen und einen korpulenten Mann mit einem erhobenen Stöckchen blicken. Eine der beiden Frauen singt, während die andere Gitarre spielt. Der Tisch, an dem sie sitzen, ist mit Weinflaschen und Früchten beladen. Der Mann scheint mit seinem „Stäbchen“ (K 63.19 / R 76.12) den Takt anzugeben. Diese Szene ist eine Nachstellung des um 1814 entstandenen Gemäldes „Die Fermate“ des deutschen Malers Johann Erdmann Hummel (1769–1852). Der romantische Schriftsteller E. T. A. Hoffmann (1776–1822) hat dem Bild in seiner Musiker-Novelle *Die Fermate* (1815 und 1819) ein literarisches Denkmal gesetzt. Eichendorff bezieht sich ausdrücklich sowohl auf den Maler als auch auf den Schriftstellerkollegen (vgl. K 63.29–33 / R 76.23–28).

Das nachgestellte Bild

Plötzlich stürzt ein junger Mann mit „großem Gezänke“ (K 63.23 / R 76.17) in den Garten und verfolgt ein junges Mädchen. Obwohl man ihn tadelt, dass er das von den drei Personen nachgestellte Gemälde stört, beschimpft er weiterhin lautstark seine Begleiterin: „Oh du Ungetreue, du Falsche!“ (K 64.3 / R 76.32) Er verlangt von ihr einen Zettel, mit dem er offenbar ihre Untreue beweisen will. Das Mädchen flieht zum Taugenichts und übergibt diesem den Zettel. Dabei flüstert sie ihm zu, er solle zu einer „bestimmten Stunde“ zu ihnen kommen. Jetzt erst erkennt der Taugenichts die „schnippische Kammerjungfer“ (K 64.31 / R 77.27 f.) der Gräfin, die sogleich aus dem Garten verschwindet.

Störung des Gesellschaftsspiels

Der geheimnisvolle Zettel

Der rundliche Dirigent schlägt unterdessen den jungen Leuten als Ersatz für das gestörte Gesellschaftsspiel ein Tanzvergnügen vor, dem man auch sofort zustimmt. Entzückt spielt der Taugenichts auf seiner Geige und tanzt schließlich selbst mit. Während die Gesellschaft allmählich auseinandergeht, ermahnt ihn das Kammermädchen, den Zettel genauer zu lesen, denn die schöne junge Gräfin warte. Da noch Zeit bis zur verabredeten Stunde bleibt, fordert der Maler den Taugenichts auf, zu bleiben und noch etwas zu trinken. Der andere junge Mann, Herr Eckbrecht, greift später zur Gitarre und singt „herrliche deutsche und italienische Lieder“ (K 67.22 f. / R 81.4 f.). Nachdem der Maler eingeschlafen ist, hält Herr Eckbrecht, der ebenfalls Maler ist, dem Taugenichts einen langen Vortrag über das Besondere des Genies. Sich und den schlafenden Maler charakterisiert er als Genies, die „lediglich für die unsterbliche

Eckbrechts Vortrag über das Genie

Ewigkeit" (K 68.26 f. / R 82.15 f.) arbeiten und leiden, während jemand wie der Taugenichts nur volkstümlich unterhalten wolle. Der seltsame Vortrag spiegelt Eichendorffs kritische Haltung gegenüber dem Geniebegriff wider.

Heimlich schleicht sich der Taugenichts davon, ohne dass der Maler Eckbrecht etwas merkt. Zu seiner Überraschung findet er in der Stadt problemlos das Haus und den Garten, die er am Tag zuvor vergeblich gesucht hat. Und wie am Abend zuvor singt eine Frauenstimme dasselbe italienische Lied. Glücklich, nun endlich am Ziel seiner Sehnsucht zu sein, wartet der Taugenichts noch auf die vereinbarte Uhrzeit. Da glaubt er im Mondschein den ‚wilden' Maler Eckbrecht in einen weißen Mantel gekleidet zu sehen, der das Gartentor aufschließt und im Garten verschwindet.

Verwechslungskomödie

Der „verhinderte Überfall"

Überzeugt, dass der betrunkene Maler die Gräfin überfallen will, schleicht der Taugenichts zum Haus. Durch eine Flügeltür erblickt er die schöne Gräfin, auf einem Sofa ausgestreckt mit einer Gitarre im Arm. Als sich die weiße Gestalt dem Haus nähert, stürmt der Taugenichts auf „den Weißmantel los" (K 70.19 f. / R 84.19), bricht zum Angriff einen Ast ab und schreit laut auf. Überhastet stürzt er über einen Blumenkübel und erkennt erst jetzt die Kammerjungfer, die sich den weißen Mantel des Malers ausgeliehen hat.

Zu seiner Ernüchterung muss er feststellen, dass die Frau, die er für seine Angebetete hält, „eine etwas große korpulente, mächtige Dame mit einer stolzen Adlernase [...] so recht zum Erschrecken schön" (K 71.4–6 / R 85.7–9) ist. Wütend blickt sie den Taugenichts an und schlägt die Tür vor seiner Nase zu. Wie die Kammerjungfer andeutet, hätte diese Dame sich auf ein Liebesabenteuer mit dem Taugenichts eingelassen. Sie war es, die für ihn gesungen und ihm den Zettel geschrieben hat. Der Taugenichts begreift, dass die Verwechslung auch damit zu tun hat, dass die Kammerjungfer nicht für die schöne Gräfin arbeitet, sondern für die korpulente Dame. Dennoch weiß sie, als er nachfragt, dass die Gräfin wieder in Wien lebt und sich nach dem Taugenichts sehnt.

Unterdessen machen sich Leute mit Knüppeln auf die Suche nach dem Taugenichts als vermeintlichem Einbrecher. Der Kammerzofe gelingt es, die Verfolger vom Taugenichts abzulenken. Ernüchtert will dieser „dem falschen Italien mit seinen verrückten Malern, Pomeranzen und Kammerjungfern auf ewig den Rücken“ (K 72.13–15 / R 86.25–27) kehren und verlässt die Stadt.

## Neuntes Kapitel

| | |
|---|---|
| ➟ Das Lied an die Heimat<br>➟ Die Studenten auf der Reise nach Prag<br>➟ Eine „alte zerfetzte Landkarte“<br>➟ Überraschende Verwandtschaft<br>➟ Die anstehende Hochzeit auf dem Schloss<br>➟ Das Lied der Studenten | Die Schiffsreise nach Wien |

Die drei Musiker-Studenten

Als der Taugenichts die Grenze zu Österreich erreicht hat, begrüßt er die Heimat mit einem glücklichen Willkommenslied. In diesen Gesang fällt plötzlich „eine prächtige Musik von Blasinstrumenten mit ein“ (K 73.4 f. / R 87.21 f.). Drei junge Männer mit Oboe, Klarinette und Waldhorn spielen auf, und der Taugenichts fällt sofort mit seiner Geige ein. Im Gespräch stellt sich heraus, dass die Studenten den Taugenichts für einen reisenden Engländer gehalten und auf ein Reisegeld gehofft haben. Schließlich laden die drei Musiker den Taugenichts zu einer kleinen Mahlzeit ein.

Die alte Reichskarte

Unsicher, welchen Weg man nach Prag wählen solle, breiten die Studenten eine alte Karte aus, auf der noch „der Kaiser in vollem Ornate zu sehen war, den Zepter in der rechten, den Reichsapfel in der linken Hand“ (K 74.14 f. / R 89.3–5). Dabei handelt es sich um einen Verweis auf den Untergang des Heiligen Römischen Reiches deutscher Nation unter dem Druck Napoleons. Mit dem Verzicht von Kaiser Franz II. am 6. August 1806 auf die Kaiserkrone endete das Kaiserreich. Auch der Wiener Kongress (1815) erneuerte die Kaiserwürde nicht. Dass Eichendorff Wien, das politische Zentrum des Kaiserreichs, und Rom, das religiöse Zentrum, als die beiden Pole wählt, zwischen denen sich der Taugenichts bewegt, ist also politisch zu verstehen.

Die Studenten weihen den Taugenichts in ihre Möglichkeiten ein, mit wenig Geld Wanderschaft und Studium zu bestreiten. Ihre Musik bereitet den Zuhörern Freude: Die Mägde tanzen auf der Straße, und die Herrschaften lassen die Türen offen stehen, um die Musik zu hören. Dem Taugenichts gefallen die Erzählungen so gut, dass er am liebsten auch studiert hätte. Plötzlich fällt dem Waldhornisten beim Betrachten der Karte ein, dass unweit von Wien auf einem Schloss sein Vetter, ein Portier, lebt. Hellhörig geworden fragt der Taugenichts, ob dieser Vetter zufällig Fagott spiele und eine „große vornehme Nase" (K 77.15 / R 92.9) habe. Als dies bejaht wird, ist dem Taugenichts klar, dass es jener Portier ist, mit dem er sich seinerzeit angefreundet hat.

Der Vetter des Waldhornisten

Man beschließt, gemeinsam mit einem Postschiff zum Schloss der schönen Gräfin zu fahren. Auf dem Schiff befindet sich ein hübsches junges Mädchen, das von den drei Studenten umschwärmt wird, sich aber sehr zurückhaltend gibt. Ein Geistlicher lädt den Taugenichts, die Studenten und das Mädchen ein, mit ihm zu speisen. In einer kleinen, aus Reisig zusammengefügten Laube in der Mitte des Schiffes bietet er seinen Gästen Braten, Butterbrote und Wein an. Im Gespräch erfährt der Taugenichts, dass das junge Mädchen eine Stelle als Kammermädchen auf einem Schloss annimmt.

Die Reise mit dem Postschiff

Der Geistliche erzählt zudem, dass auf dem Schloss der schönen Gräfin eine Hochzeit stattfinden soll. Dass es um die Hochzeit des Grafen Leonhard mit Flora geht, ahnt der Taugenichts nicht. Es sei, so hört er, eine alte Liebe, die die Gräfin aber nie habe zugeben wollen. Der Bräutigam solle „ein luftiger Vogel" sein, man sage sogar, dass er gelegentlich vor Haustüren schlafe. Damit führt der Geistliche den Taugenichts bewusst in die Irre und kann sein Schmunzeln nicht unterdrücken. Zwar widerspricht das junge Mädchen und sagt, der Bräutigam solle ein überaus reicher Mann sein, doch der Taugenichts glaubt nun fest, er sei der „glückselige Bräuti-

Die anstehende Hochzeit auf dem Schloss

gam“ (K 81.5 / R 96.18 f.). Die frohe Stimmung auf dem Schiff wird durch lustige Geschichten des Priesters, den Wein und den Gesang der Studenten noch verstärkt.

Wanderlied und Lob der Sesshaftigkeit

Das Lied „Nach Süden nun sich lenken“ (K 81.22 ff. / R 97.3 ff.), das die Studenten anstimmen, beschreibt ihren Weg von Prag aus in den Süden. Lustig und fröhlich hat die Wanderung begonnen, unterwegs wird ihre Musik mit Wein belohnt, aber die letzte Strophe endet in Kälte, Nässe und eisigem Wind. Jetzt wären sie froh, wie die Philister friedlich hinter dem Ofen im eigenen Haus zu sitzen. Beglückt entdeckt der Taugenichts in der Ferne sein Zollhäuschen und das Schloss.

## Zehntes Kapitel

Die Auflösung der Verwicklungen

- ➟ Die Rückkehr nach Wien
- ➟ Die Entwirrung der Missverständnisse
- ➟ Das Liebesgeständnis
- ➟ Das Schicksal des Waisenkindes
- ➟ Ein märchenhaftes Ende

Nach der Ankunft des Schiffes am Ufer trennen sich zunächst die Wege der kleinen Gesellschaft: Der Geistliche eilt zum Schloss, die Kammerzofe zieht sich in einem Wirtshaus um, bevor sie zum Schloss geht, die Studenten rasieren und waschen sich am nahe gelegenen Bach, und der Taugenichts eilt zum Garten des Schlosses. Dabei kommt er an seinem Zollhaus vorbei. Alles scheint darin wie früher. So springt er durch das Fenster in die Stube und setzt sich mit dem großen Rechenbuch an den Schreibtisch. Doch sogleich erscheint sein Nachfolger, ein „alter, langer Einnehmer“ (K 83.32 f. / R 99.22), vor dem der Taugenichts hastig flieht. Im Garten sind die Blumen den Kartoffeln gewichen, und der Taugenichts verfängt sich im Kartoffelkraut und stürzt. Das alte Philistertum ist also zurückgekehrt, der Blumengarten ist verschwunden.

Rückkehr des Philistertums: Der Kartoffelacker

Der Schlossgarten lockt den Taugenichts mit seinem Duft und Glanz an, zudem erklingt aus dem Garten das Lied, das der Maler Guido kurz vor seinem Verschwinden auf dem Balkon des italienischen Wirtshauses gesungen hat. Beim Näherkommen erblickt der Taugenichts zu seiner Verwunderung seine geliebte gnädige Frau mit einem Kranz von Rosen im Haar. Ihr gegenüber sitzt die Sängerin. Als sie den Taugenichts bemerkt, klatscht sie in die Hände. Sogleich tauchen viele kleine Mädchen mit blütenweißen Kleidchen und bunten Schleifen im Haar zwischen den Rosensträuchern auf. Er erkennt die Mädchen aus dem Dorf, die ihn umringen und das Brautlied aus der Oper *Der Freischütz* von Carl Maria von Weber (1786–1862) singen. Symbolisch wird damit die Hochzeit des Taugenichts mit seiner geliebten Aurelie vorweggenommen. Zugleich tritt Leonhard in Jägerkleidung aus dem Gebüsch und führt die gnädige Frau an der Hand zum Taugenichts. Mit einer langen Rede spricht er über die Macht der Liebe, die auch zwei weit entfernte Liebende umfangen hält. Mit einem spöttischen Satz endet er: „[…] liebt euch wie die Kaninchen und seid glücklich!“ (K 86.23 / R 102.28 f.)

Symbolische Vorwegnahme der Hochzeit mit Aurelie

Die junge Dame, die zuvor das Lied gesungen hat, kommt hinzu und setzt dem Taugenichts einen Myrtenkranz auf als Zeichen für Liebe und Lebenskraft. Jetzt erst erkennt der Taugenichts, dass er den Maler Guido vor sich hat. Um neue Gerüchte zu verhindern, entwirrt Leonhard die komplizierte Verwechslungsgeschichte: Der Maler Guido sei in Wirklichkeit die Gräfin Flora gewesen. Schon lange sei er, Leonhard, in Flora verliebt gewesen, doch die Mutter habe einen anderen Mann für sie vorgesehen. Daher habe er Flora aus der „Pensions-Anstalt“ (K 90.33 f. / R 107.25) entführt. Beide seien zusammen als Maler Leonhard und Guido verkleidet nach Italien geflohen, um sich in seinem Schloss zu verstecken. Unterwegs seien sie auf den Taugenichts gestoßen und hätten ihn mitgenommen. Als sie den Spion der Mutter, das bucklige Männchen, bemerkt hätten, hätten sie heimlich die Poststation verlassen. Die Angestellten der Poststation und die Bediensteten des Schlosses seien jedoch im Glauben gewesen, der Taugenichts sei die verkleidete Gräfin Flora. Daher hätten die Diener im

Entwirrung der Missverständnisse

Schloss ihn auch eingeschlossen, um die vermeintliche Gräfin Flora vor Verfolgern zu schützen Der Brief, den er erhalten habe, sei ebenfalls für die Gräfin Flora gedacht gewesen.

Mit dem Hinweis, dass in zwei Tagen Hochzeit sei, zieht sich Herr Leonhard zurück. In diesem Moment erscheinen Musikanten, die mit Pauken, Trompeten und Böllern ein ‚rasendes Spektakel' erzeugen. Die Prager Studenten tauchen auf, außerdem der Gärtner und der Portier, der sein Fagott spielt. Vor diesem Lärm und Gewühl entflieht die vermeintliche schöne Gräfin in den Garten. Der Taugenichts folgt ihr, holt sie ein und umarmt sie fest. Jetzt gesteht das Mädchen, dass sie schon lange in den Taugenichts verliebt gewesen sei. Sie habe aber nicht mehr daran geglaubt, ihn noch einmal wiederzusehen.

Liebesgeständnis

Weiterhin klärt sie den Taugenichts darüber auf, dass sie seinerzeit mit dem Sohn der Gräfin, der gerade von einer Reise zurückgekehrt sei, auf dem Balkon gestanden hat. Dieser habe sie an ihrem Geburtstag auf den Balkon mitgenommen, damit sie auch ein „Vivat" bekomme. Schließlich zeigt sie dem Taugenichts ein weißes Schlösschen, das der Graf ihnen beiden aus Dankbarkeit für ihre Fluchthilfe geschenkt hat. Noch immer glaubt der Taugenichts das Mädchen sei eine Gräfin, bis das junge Mädchen auch dieses Missverständnis ausräumt: Sie sei eine Waise und von ihrem Onkel, dem Portier, auf das Schloss mitgenommen worden, wo die Gräfin sie aufgenommen habe.

Das Schicksal des Waisenkindes

Glücklich blickt der Taugenichts in die Zukunft: Er will sich besser kleiden, mit „Frack, Strohhut und Pumphosen und Sporen" (K 91.14 / R 108.10), und nach der Hochzeit nach Italien und Rom reisen. In der Ferne ist noch Musik zu hören, Leuchtkugeln fliegen durch die Nacht und die Donau rauscht. Der letzte Satz kling wie ein Märchenschluss, über dem aber auch durch die besondere Betonung („alles, alles") ein Schleier von Melancholie liegt: „– und es war alles, alles gut!" (K 91.20 f. / R 108.17)

# Anmerkungen zur Biographie Joseph von Eichendorffs

Kindheit im Schloss in Lubowitz

Joseph Freiherr von Eichendorff wird am 10. März 1788 im Schloss Lubowitz (bei Ratibor, Oberschlesien) geboren. Die glückliche Jugend zusammen mit seinem Bruder auf dem – schon zu seiner Geburt verschuldeten Schloss – wird seine Erinnerungen ein ganzes Leben lang prägen.

> „Katholische Gläubigkeit und österreichischer Lebenszuschnitt prägten die Familie […]. An das patriarchalisch-altfränkische Leben, Feiern und Wirtschaften erinnerte sich noch der Greis im verklärenden Rückblick, besonders an die schönen und schweren Sommernachmittage, an denen der Gutsnachbar mit den Seinen zu Besuch kam, während unten in den Tälern die ‚Kornfelder leise Wellen' schlugen und in der fast ‚unheimlich schwülen Gewitterstille' es niemand beachtete oder bemerkte, ‚daß das Wetter von Westen' nahte und ‚einzelne Blitze schon über dem dunklen Waldeskranze' hin und her zuckten." (Klaus Günzel, *Die deutschen Romantiker. 125 Lebensläufe. Ein Personenlexikon*, Zürich: Artemis & Winkler 1995, S. 67)

Frühe Verlusterfahrungen

Besonders schmerzlich ist für Eichendorff, dass aufgrund der ökonomischen Unfähigkeit des Vaters die Besitzungen – darunter auch das geliebte Lubowitz – immer stärker in Schulden geraten und schließlich nach dem Tod der Mutter 1822 – der Vater ist schon 1818 gestorben – verloren gehen. Den Verlust der Welt seiner Kindheit wird Eichendorff ein Leben lang betrauern, und die Sehnsucht nach dieser Heimat hinterlässt auch im *Taugenichts* ihre Spuren.

Nach seinem Jurastudium in Heidelberg kommt er in Kontakt mit den wichtigsten Vertretern der Heidelberger Romantik, Clemens Brentano und Achim von Arnim. 1813–1815 schließt er sich dem Lützow'schen Freikorps an und nimmt an den Befreiungskriegen gegen Napoleon teil, wird jedoch in keine Kampfhandlung verwickelt. 1816 tritt er in den preußischen Staatsdienst ein und hat „beim Kultusministerium in Berlin ein trübes Auskommen [...], zu dem noch die Zurücksetzungen und Demütigungen kamen, die eine protestantische Obrigkeit dem aufrechten Katholiken zufügte" (Günzel 2001, S. 69). 1826 erscheint die Novelle *Aus dem Leben eines Taugenichts.* Sie muss daher unter dem Aspekt gesehen werden, dass für Eichendorff die Quelle wirklicher philosophischer Gedanken nur die römisch-katholische Religion ist, während der Protestantismus seiner Ansicht nach die Ursache der Zeitprobleme sei. In gleicher Weise lehnt Eichendorff demokratische Bewegungen ab und ist ein überzeugter Monarchist.

1816 Eintritt in den Staatsdienst

Katholischer Glauben als Lebensgrundlage

1844 lässt er sich auf eigenes Ersuchen pensionieren. Als bewusster Katholik, Adliger und Monarchist befand Eichendorff sich in ständigem Konflikt mit der modernen Welt. Am 26. November 1857 stirbt er im preußischen Neisse (heute: Nysa in Polen).

# Entstehung der Novelle *Aus dem Leben eines Taugenichts*

| Lange Entstehungszeit | → Ab 1817 Beginn der Erzählung<br>→ 1823 Abdruck der beiden ersten Kapitel als Fortsetzungsgeschichte<br>→ 1826 Erscheinen der Novelle zusammen mit 48 Gedichten und der Novelle *Das Marmorbild*<br>→ Veränderungen gegenüber der ersten Fassung |
|---|---|

Da die Erzählung *Aus dem Leben eines Taugenichts* scheinbar so mühelos dahinfließt und mit leichter Hand geschrieben zu sein scheint, glaubten viele Zeitgenossen Eichendorffs, sie sei in einem Zug geschrieben und habe auch keinen sonderlichen Tiefgang. Aber gerade an diesem Text hat Eichendorff länger gearbeitet als an jedem anderen seiner Werke.

Erzählung als Kontrast zum trostlosen Alltag

Erste Äußerungen belegen, dass er etwa ab 1817 an einer neuen Erzählung schrieb. Seit diesem Jahr lebte Eichendorff in recht bedrückenden Lebensumständen: Gegen den Willen der Eltern hatte er geheiratet, die Familie mit zwei Kindern musste versorgt werden und die Einkünfte als Referendar waren spärlich. 1821 erhielt Eichendorff erstmals als „Katholischer Rat" ein nennenswertes Gehalt, das dritte Kind wurde geboren. 1822 schrieb er in einem Brief: „Mir lässt mein Amt leider nicht viel Muße zum Dichten, es ist schwer, zwei Herren zu dienen." (Eichendorff, *Sämtliche Werke. Hist.-krit. Ausgabe,* Bd. 5, begr. und hrsg. von W. Kosch und A. Sauer, Stuttgart: Kohlhammer 1962, S. 91) 1823 wurde das Schloss Lubowitz versteigert, im Hinblick auf die Erinnerungen Eichendorffs an die glückliche Jugend offensichtlich ein traumatisches Erlebnis, das auch im *Taugenichts* seine Spuren hinterlassen hat. So ist die Erzählung ein offensichtlicher Kontrast zur Trostlosigkeit des Alltags.

1823 wurden die beiden Anfangskapitel der neuen Erzählung in einer Zeitschrift abgedruckt (vgl. S. 5). Die Vorlage zu diesem Druck bildete eine Handschrift, entstanden vermutlich 1820/21. Der Titel sollte zunächst „Der neue Troubadour" lauten. Damit hat Eichendorff den Journaltext in die Nähe der provenzalischen Sänger des Mittelalters gestellt und verbindet zwei Grundideen der Romantik miteinander, die Rückbesinnung auf das Mittelalter und die Hinwendung zum einfachen Volk, die sich vor allem in dem volkstümlichen Ton der Lieder erkennen lässt.

1823 Veröffentlichung der beiden ersten Kapitel

Darüber hinaus weicht vor allem die Figurenkonstellation vom späteren Text ab. Gegen Ende des Journaldrucks wird deutlich, dass die „schöne gnädige Frau" tatsächlich adelig und mit dem Schlossherrn verheiratet ist. Diese Konstellation hätte der Idee des Minnesangs, der sich an eine adlige verheiratete Frau richtete, entsprochen (vgl. S. 76) und der Novelle eine völlig andere Ausrichtung gegeben. 1826 erschien der *Taugenichts* zusammen mit der Erzählung *Das Marmorbild* und 48 Gedichten unter dem Titel: *Aus dem Leben eines Taugenichts und das Marmorbild. Zwei Novellen nebst einem Anhange von Liedern und Romanzen von Joseph Freiherrn von Eichendorff.*

1826 erste Buchveröffentlichung des *Taugenichts*

# Themen und Motive

| Sammlung zentraler thematischer Aspekte der Romantik | ➞ Liebe, Gott, Wald, Mühle<br>➞ Wanderlied, Reisen und Wandern<br>➞ Exkurs: Das Volkslied<br>➞ Natur, Vogelmotiv, Geige und Gesang<br>➞ Schlaf und Traum |
|---|---|

Poesie als höchste sinnbildliche Form der Kunst

Motive und Symbole der Romantik

Eichendorffs Novelle kann als hervorragendes Beispiel für nahezu alle Motive gesehen werden, die die Epoche der Romantik ausmachen. Die Romantik sieht in der Poesie die höchste sinnbildliche Form der Kunst, weil in der Sprache die Übereinstimmung von „endlichem Zeichen und unendlichem Sinn immer wieder neu geschaffen wird; Ähnliches gilt für die Musik, der sie im Grenzfall gleichkommt“ (Manfred Lurker, *Wörterbuch der Symbolik*, Stuttgart: Alfred Kröner 1991, S. 626 f.) Wichtige romantische Symbole spiegeln eine gefühlsbetonte Sehnsucht nach Einheit von Mensch und Natur wider und betonen das Göttliche der Natur. Dazu gehören: Nacht, Schlaf und Traum; Wald, Garten, Wasser und Blumen; der Mensch als Einsiedler und Wanderer; der Weg nach innen und der Weg in die unbekannte Fremde sowie Gesang und Musik als Annäherung an Gott.

Die „romantische“ Sehnsucht

Einen besonderen Stellenwert nimmt in Eichendorffs Novelle *Aus dem Leben eines Taugenichts* die Sehnsucht ein, vor allem die nach der Geliebten, der Ferne und der Heimat. Dass diese Sehnsucht nur selten in Wehmut verfällt, hängt mit den vielen positiven Zufällen zusammen, die der eigentlichen Unerfüllbarkeit des sehnsüchtig Erwarteten entgegenstehen. Damit bewahrheitet sich für den Taugenichts sein Vertrauen in Gott, der alles zum Guten bringt, denn am Ende wird alles gut ausgehen, ohne dass der Taugenichts etwas dazu getan hat.

## Liebe

Romantische Liebe

Die Liebe zu der schönen jungen Frau ist das zentrale Motiv der Erzählung. Von dieser – zunächst scheinbar unerwiderten – Liebe aus entwickeln sich weitere Motive, die tief in der Romantik verankert sind: Sehnsucht, Gesang und Musik, Wandern, Einswerden mit der Natur, Kritik am Philistertum, Anbetung der Unerreichbaren. Damit steht diese Liebe in Einklang mit Grundideen der Romantik, sie erscheint also in idealisierter Form.

Nachdem der Taugenichts die väterliche Mühle verlassen hat, begegnet er zwei vornehmen Damen in einer Kutsche, von denen die eine „besonders schön und jünger" ist. Zwar behauptet er, dass ihm „eigentlich […] alle beide" (K 4.20 f. / R 8.25 f.) gefielen, doch immer stärker wird seine Schwärmerei für die jüngere Frau, die er fälschlicherweise für eine Gräfin hält. Die Zuneigung verstärkt sich, bis sie schließlich fast religiöse Züge annimmt, wenn er seine Angebetete mit einem Engel vergleicht. Ihre Reinheit und Unschuld wird durch ihr weißes Kleid, das wie eine Lilie (Attribut Marias) wirkt, versinnbildlicht. Bis zum letzten Kapitel bleibt diese romantisch-poetische Liebe eine von Sehnsucht und reinen Gefühle erfüllte, die jede Körperlichkeit, ja sogar weitgehend die Beschreibung des Äußeren ausspart, außer der formelhaft wiederholten Schönheit der Angebeteten.

Religiöse Züge der Liebe

Liebe ohne Körperlichkeit

Selbstzweifel, Niedergeschlagenheit und melancholische Stimmung, die allerdings auf Missverständnissen beruhen, treiben den Taugenichts schließlich in die Ferne, nach Italien, doch die Gedanken an seine Angebetete begleiten ihn ständig. Auf seinem Weg nach Rom trifft er allerdings immer wieder auf junge Mädchen, zu denen er sich hingezogen fühlt und deren Anziehung durchaus erotischer Natur ist. So begegnet er einem „schmucke[n] Mädchen", das ihn anlacht: „[I]hre perlweißen Zähne schimmerten recht charmant zwischen den roten Lippen hindurch, sodass ich sie wohl hätte darauf küssen mögen." (K 28.14–16 / R 35.34–36)

Erotisch geprägte Begegnungen

Nach seinem eigenen Eingeständnis ist es Geldmangel, aus dem er sich nicht traut, „am Wirtshaus anzuklopfen“ (K 30.20 / R 38.8 f.). Im Schloss betrachtet er durchaus angeregt das junge Mädchen, das im Nebenzimmer schläft:

> „Über einen Stuhl waren Frauenkleider unordentlich hingeworfen, auf einem Bettchen daneben lag das Mädchen, das mir gestern abends bei der Tafel aufgewartet hatte. Sie schlief noch ruhig und hatte den Kopf auf den weißen bloßen Arm gelegt, über den ihre schwarzen Locken herabfielen.“ (K 46.1–5 / R 55.23–28)

Den erotischen Versuchungen entgeht der Taugenichts in Rom durch seine Ungeschicklichkeit.

Parallele Liebesgeschichte Floras und Leonhards

Parallel zu seiner Liebesgeschichte läuft eine andere, fast noch romantischere Geschichte ab, nämlich die Entführung Floras aus einem Internat, die Flucht der beiden Liebenden, die eigentlich unterwegs gescheitert wäre, wenn nicht der Taugenichts sie zufällig zu dem vereinbarten Treffpunkt in B. gebracht hätte. Am Schluss verkehrt sich die romantische, körperlose, schwärmerische Liebe des Taugenichts in etwas sehr Kreatürliches, wenn der adlige Leonhard sagt: „[…] liebt euch wie die Kaninchen und seid glücklich!“ (K 86.23 / R 102.28 f.), das Brautpaar vor dem weißen Schlösschen sitzt und „seelenvergnügt […] eine Hand voll Knackmandeln“ (K 90.25 / R 107.15 f.) knackt. In der Art, wie Aurelie am Ende der Erzählung das Gespräch bestimmt und den Taugenichts kaum zu Wort kommen lässt, der atemlos ihren Enthüllungen lauscht, darf man sicher sein, dass hier zwei neue Philister heranwachsen.

Entweihung der Liebe

## Gott

Wie ein roter Faden durchzieht der religiöse Leitgedanke die Erzählung *Aus dem Leben eines Taugenichts*. Die Natur spiegelt göttliches Wirken wider, und die Suche des Taugenichts nach seinem Idealbild, der „schönen gnädigen Frau“, erhält religiöse Züge. So wie Eichendorff die Romantik als eine „geistliche Poesie“ sieht (vgl. J. von Eichendorff, „Die geistliche Poesie Deutschland“, in: J. v. E., *Werke*, Bd. 6, hrsg. von Hartwig Schultz, Frankfurt

Romantik als „geistliche Poesie“

a. M.: Deutscher Klassiker Verlag 1990, S. 349–368), so durchziehen die religiösen Gedanken seine Novelle. Schon mit dem ersten Lied „Wem Gott will rechte Gunst erweisen“ begibt sich der Taugenichts in Gottes Hand, und sein unbeschadeter Weg durch die Natur und die Gefährdungen der Welt (Venus, junge Mädchen und alte Gräfinnen) geben seinem kindlichen Glauben recht.

Als der Taugenichts niedergeschlagen das Schloss seiner geliebten schönen Frau verlässt, nimmt er seine Geige an sich mit den Worten: „[...] komm nur her, du getreues Instrument! Unser Reich ist nicht von dieser Welt! –“ (K 22.35 f. / R 28.27 f.) Mit diesem Ausspruch von Jesus (vgl. Johannes 18,36) spielt er auf die besondere Bedeutung der Musik an, die vor allem in der Frühromantik als Kunst galt, die den Menschen zum Göttlichen verhilft.

Bibelzitat

Mit Gottes Führung findet der Taugenichts den Weg nach Rom. Auch seine musikalische Fähigkeit, die ihm Anerkennung bringt, sieht er als eine Gabe Gottes. Als er sich nachts dem großen alten Schloss nähert, ruft er aus: „Nun Gott befohlen!“ (K 43.2 / R 52.15) Beim Verlassen legt er seine Seele in Gottes Hand. Aber es ist keine Kirchenfrömmigkeit, die der Taugenichts hier vorlebt, denn mit Gelassenheit betrachtet er den sonntäglichen Kirchgang der Dorfbewohner von einer Wiese aus und wird dafür von einem Bauern gerügt. Es handelt sich vielmehr um ein naives Betrachten der göttlichen Schöpfung, in der sogar die Vögel Gottes Lob singen.

Musik als Gabe Gottes

Naive Betrachtung des Göttlichen

## Der Wald

> „Der Wald, in Mythos, Märchen und Volksglauben nicht nur Schauplatz, sondern mit eigener Funktion, nämlich Grenze zwischen dem Bekannten und der Fremde. Der dunkle geheimnisvolle W. ist eine Art Niemandsland, das Reich der Geister und der Hexen, ein magischer Raum; in tiefenpsychologischer Sicht ist er eine Darstellung des Unbewußten.“ (Manfred Lurker, *Wörterbuch der Symbolik*, Stuttgart: Alfred Kröner 1991, S. 811)

Wald als magischer Raum

Um 1800 beginnt in der Epoche der Romantik eine gefühlvolle Begeisterung für den Wald. Er gilt als echte

Wald als Symbol romantischer Kunst

deutsche Landschaft und wird zum Symbol romantischer Dichtung und Malerei schlechthin. In einem 1797 veröffentlichten Märchen erfand Ludwig Tieck den Begriff der „Waldeinsamkeit", der zum Schlagwort der Romantik wird. In Gedichten, Märchen, Sagen und Erzählungen spielt der Wald mit seinen Hexen, Drachen, wunderbaren Pflanzen eine außergewöhnliche Rolle. Sie verstärkt sich während des Kampfes gegen Napoleon in den Befreiungskriegen (1813–1815). Dabei spielen die Erinnerung an die Schlacht im Teutoburger Wald mit dem Sieg gegen die Römer und der Naturmythos des Nibelungenliedes eine besondere Rolle. In diesem Zusammenhang beginnt auch der Siegeszug der sprichwörtlich gewordenen „deutschen Eiche" als nationales Symbol für Stärke und Heldenmut.

Erinnerungen an den Teutoburger Wald und das Nibelungenlied

Natursehnsucht als Erfindung der Städter

Wie im Märchen ist der Wald im *Taugenichts* einerseits bedrohlich, andererseits steht er in seiner Natürlichkeit und Lebendigkeit für Gottes Nähe. Mehrfach sucht der Taugenichts Zuflucht in der Krone eines Baumes, um Gefahren zu entgehen. Die Sehnsucht nach der unberührten Natur wuchs im selben Maße, wie die Industrialisierung die Natur aus dem unmittelbaren Leben der Städter verdrängte. Es ist vor allem der Laubwald, der zum Sehnsuchtsort wird. Dabei ist die Wirklichkeit um 1800 eher geprägt vom Raubbau an Wäldern:

Laubwald als Sehnsuchtsort

> „Natürliche Wälder gab es damals längst nicht mehr. Die romantische Natursehnsucht war eine Erfindung von Stadtbewohnern, von Dichtern und Malern, die zu den wirtschaftlich intensiv genutzten, schon damals sorgfältig hergerichteten Waldlandschaften räumlich und emotional auf Distanz gegangen waren. Das war die Voraussetzung dafür, die harmonische Geschlossenheit und geordnete Wildheit der Wälder wahrzunehmen und zu preisen. So zeigt sich romantisch-weltflüchtig eine unpolitische Waldsymbolik."
> (Albrecht Lehmann, „Der deutsche Wald", in: *Deutsche Erinnerungsorte*, Bd. 3, hrsg. von Étienne François und Hagen Schulze, München: C. H. Beck 2009, S. 188)

Wirklichkeit der Jagd

Als der Taugenichts „verzückt vor Lust" auf die „edle Jägerei" zu sprechen kommt, versucht der Portier ihn mit der Wirklichkeit zu konfrontieren: „[...] man verdient sich kaum die Sohlen, die man sich abläuft; und Husten und Schnupfen wird man erst gar nicht los" (K 14.15–17

/ R 19.32–35). Waren im 18. Jahrhundert Jagd und Wälder nur Adel und einigen Grundbesitzern vorbehalten, so entwickelte sich im 19. Jahrhundert in einem langwierigen Prozess die Öffnung von Wäldern und Parks für alle.

## Die Mühle

Schon die ersten Sätze der Erzählung führen den Leser in ein besonderes Motiv der Romantik ein: die Mühle. „Das Rad an meines Vaters Mühle brauste und rauschte schon wieder lustig“ (K 3.1 f. / R 7.2 f.). Auf den ersten Blick scheint die Mühle ein Ort der Betriebsamkeit und Heiterkeit zu sein. Der rauschende Bach leistet die Arbeit, die Sonne scheint, und dem Helden der Erzählung geht es „wohl in dem warmen Sonnenschein“ (K 3.5 / R 7.6 f.), bis der Vater mit seiner Schlafmütze als Verkörperung des spießigen deutschen Michels hinzukommt und ihn aus der heimatlichen Geborgenheit verjagt, weil er faul ist. In diesem Augenblick erkennt der Leser, dass die Mühle vor allem ein Ort der harten, eintönigen Arbeit ist.

Der Vater als Bild des deutschen Michels

Doch es entsteht ein ambivalentes Bild der Mühle: Einerseits erscheint sie zwar als Bild für unentwegtes, einförmiges Arbeiten im Rhythmus des Mühlrads, andererseits als Ort der Übereinstimmung von Technik und Natur. Und dieses Bild des heimatlichen Ortes ist es, an das sich der Taugenichts immer wieder in schwierigen Situationen erinnert.

Ambivalentes Bild der Mühle

Tatsächlich lagen die Mühlen meist außerhalb der größeren Siedlungen und waren vom gesellschaftlichen Leben weitgehend abgeschieden. Dabei regte ihre Abgeschiedenheit die Phantasie für Märchen, Gerüchte und Aberglauben an. Nicht die Realität des Mühlenwesens, sondern romantische Vorstellungen und Volksglaube finden daher im Motiv der Mühle ihren Niederschlag.

Mühlen und Volksglauben

Zudem war die Mühle wegen des sich stets drehenden Mühlrads Symbol der Wiederkehr und des göttlichen Schicksals, wie die Verse von Friedrich von Logau (1604–1655) aus dem Gedicht „Göttliche Rache“ andeuten:

Mühle als Symbol des göttlichen Schicksals

„Gottes Mühlen mahlen langsam, mahlen aber trefflich klein. / Ob aus Langmut er sich säumet, bringt mit Schärf' er alles ein."

## Das romantische Wanderlied, Reisen und Wandern

„Das Wandern ist des Müllers Lust"

Als der Sohn seinem Vater erklärt, dass er in die Welt gehen und sein Glück machen wolle, scheint es, als sei ihm gerade das Lied von Wilhelm Müller aus der „Schönen Müllerin" (1821) in den Sinn gekommen: „Das Wandern ist des Müllers Lust", denn nur einem schlechten Müller falle das Wandern nicht ein. Doch die letzten Zeilen des Lieds („Herr Meister und Frau Meisterin, / Laßt mich in Frieden weiterziehn / Und wandern") machen deutlich, dass die Wanderschaft von Handwerksgesellen gemeint ist. Es handelt sich also nicht um ein unbeschwertes Wanderlied, sondern um einen Hinweis auf den Zwang von Handwerksburschen, zum Broterwerb auf Wanderschaft zu gehen, was nicht selten mit Entbehrungen und harten Arbeitsbedingungen zusammenhing.

Handwerksburschen auf Wanderschaft

Im 19. Jahrhundert gab es Wanderlieder zunächst nur bei der Verabschiedung von Handwerksgesellen, die im Frühjahr einen neuen Arbeitsplatz suchten. Der Aufbruch von dem Arbeitsplatz, an den sie bisher gebunden waren, war somit Ausdruck einer neuen Ungebundenheit. Auch in den Liedern der Dichter der Romantik bricht der Wanderer mit frohen Erwartungen im Frühjahr auf. Dabei löst die Romantik das Wanderlied aus dem Umfeld der Handwerksburschen und erschließt es für alle Gesellschaftsschichten.

Wandern als neue Erfahrung in der romantischen Literatur

Wandern und Reisen bekommen in der Literatur der Romantik eine neue Dimension. Nicht mehr die Überwindung von Strecken, um von einem Ort zu einem anderen zu gelangen, ist wesentlich, sondern es sind die sinnlichen Eindrücke, die auf den Reisen gesammelt werden. Der Reisende erlebt seine Umgebung mit neuem Blick, er wird emotional in die Natur hineingezogen, und seine Empfindungen spiegeln sich in der Natur wider. Das Gedicht vom frohen Wandersmann kann als typisch für diese Vorstellung gesehen werden. Dabei gibt sich das lyrische Ich nicht nur in Gottes Hand, sondern erkennt in der Natur die Wunder der Schöpfung und bringt sich damit näher zu Gott. Dabei entsteht durch die ungekünstelte Wortwahl und die schlichte Form ein volksliedhafter Ton, der durch die einfachen Reime und den vierhebigen Jambus noch unterstrichen wird.

**Exkurs: Das Volkslied**

1773 übersetzt Johann Gottfried Herder den englischen Begriff „popular song" mit „Volkslied". Damit wird in der Folge einerseits der Bereich der lyrischen Gattung bezeichnet, die meist anonym entstanden und durch volkstümliche Themen gekennzeichnet sind, im Volk gesungen werden oder mündlich überliefert sind. Andererseits ist das Volkslied ein Gegenpol zur strengeren Form etwa der Klassik. Es thematisiert alltägliche und anschauliche Begebenheiten wie Liebe, Abschied, Reisen, Tod, Sehnsucht oder idealisiert die Natur.

Volkslied als Gegenentwurf zur Klassik

Der Philosoph Friedrich Nietzsche sieht das Volkslied sogar als ‚musikalischen Weltspiegel',

Das Volkslied als „musikalischer Weltspiegel"

> „als ursprüngliche Melodie, die sich jetzt […] in der Dichtung ausspricht. […] Sie [die Melodie] ist auch das bei weitem wichtigere und nothwendigere in der naiven Schätzung des Volkes. Die Melodie gebiert die Dichtung aus sich"
> (F. Nietzsche, *Die Geburt der Tragödie aus dem Geiste der Musik*, 3. Aufl., Frankfurt a. M.: Insel 2000, S. 55).

Sehr ähnlich wird das Volkslied in der Romantik als Inbegriff der Poesie und als ursprünglicher Ausdruck des Menschen verstanden, dabei ist die enge Verknüpfung von Text und Musik ein charakteristisches Merkmal. Eichendorff ist der romantische Dichter mit den meisten Vertonungen. Die einfache Form, die natürliche Wortwahl sowie die moralisch-religiösen Inhalte ließen seine Lieder sehr schnell zum volksliedhaften Allgemeingut werden.

## Natur

Der Taugenichts als Naturkind

Der Taugenichts lebt und entfaltet sich in der Natur. Hier blüht er wie ein Naturkind auf und genießt das Zwitschern der Vögel, das Glitzern der Flüsse, die Sonnenstrahlen, die durch die Bäume fallen, und das Funkeln der Sterne. Fühlt er sich einsam oder bedroht, flüchtet er in Baumkronen und glaubt sich dort so sicher, dass er gelegentlich hoch über dem Boden einschläft wie ein Vogel.

Natur als Abbild seelischer Empfindungen

Natur ist in Eichendorffs Novelle jedoch kein realistisches Abbild der Wirklichkeit, sondern Abbild der Gefühle der Hauptfigur, reine Poesie und Symbol. So geläufig dem Taugenichts die Sprache der Natur ist, so groß sind seine Probleme, das alltägliche Leben und das Verhalten der Mitmenschen zu verstehen und zu bewältigen.

## Vogelmotiv

Eine Vielzahl von Vögeln (z. B. die Lerche, der Wiedehopf, die Dohle, der Kranich, Sperling und Schwan) durchzieht motivartig die Erzählung. Schon zu Beginn des ersten Kapitels veranschaulicht die Goldammer (zu Eichendorffs Zeit ein Maskulinum) die Grundhaltung des Taugenichts. Hatte der Vogel im Herbst und Winter noch kläglich um Arbeit ersucht („Bauer, miet' mich"), so tönt er im Frühjahr stolz: „Bauer, behalt deinen Dienst!" (K 3.19 / R 7.23 f.) Mit dieser Einstellung verlässt auch der Taugenichts die väterliche Mühle. Dabei wird klar, dass er durchaus über Notzeiten und Hunger Bescheid weiß, sich aber dennoch traut, im Vertrauen auf Gott ohne Absicherung auf Reisen zu gehen. Als er glücklich wieder im Schloss ankommt, singt die Goldammer wieder, „als wäre seitdem gar nichts in der Welt vorgegangen" (K 83/20 f. / R 99.8 f.).

Der Lerche kommt in der Erzählung eine besondere Bedeutung zu. Schon das erste Lied, das der Taugenichts singt, schlägt das Leitmotiv der Freiheit und des Gesangs an: „Die Lerchen schwirren hoch vor Lust, / Was sollt' ich nicht mit ihnen singen / Aus voller Kehl' und frischer Brust?“ (K 4.8–10 / R 8.12–14) Die Lerche begleitet den Taugenichts auch auf seinem Weg nach Italien. Ihr Stellenwert lässt sich mit der christlichen Ikonographie deuten: Die Lerche singt nur, wenn sie sich in den Himmel aufschwingt und sich also Gott nähert. Zugleich scheint sie mit ihrem Gesang die Schöpfung zu preisen. Sie ist damit ein Bild für die Überwindung der beiden Pole Erde und Himmel, so dass im Volkslied ihr Gesang auch Gebet genannt wird.

Die Lerche als christliches Symbol

Kraniche, die der Taugenichts hoch in der Luft sieht, wecken seine Sehnsucht, „so fort und immer fort, weit in die Ferne“ (K 51.11 f. / R 61.32 f.) zu ziehen. Als der Geistliche auf der Fahrt nach Wien ihn als „einen luftige[n] Vogel“ charakterisiert, antwortet der Taugenichts: „O ja, […] ein Vogel, der aus jedem Käfig ausreißt, sobald er nur kann, und lustig singt, wenn er wieder in der Freiheit ist.“ (K 80.20–22 / R 95.28–30) Dagegen symbolisiert der Kanarienvogel im Käfig das „Gefangensein“ der jungen Kammerjungfer in ihrer neuen Tätigkeit im Schloss. Grundsätzlich versinnbildlicht der freie Vogel die Freiheit, vor allem die Freiheit der Seele und der Phantasie. Und er verbindet Himmel und Erde, das Göttliche und das Irdische.

Vogel und Käfig

## Motiv der Geige und des Gesangs

Musik als Gegengewicht zur Arbeit

Gesang und Geigenspiel stellen für den Taugenichts das Gegengewicht zur täglichen mühevollen Arbeit der Mitmenschen dar – vergleichbar der sangesfreudigen Grille in der Fabel von „Grille und Ameise“ –, zeigen seine spontane Freude und spiegeln sein Innerstes wider. Während der Portier beispielsweise musiziert, als handle es sich um eine schwere Arbeit, entspringen Gesang und Geigenspiel des Taugenichts seiner Lebensfreude und positiven Grundstimmung.

Die Geige sei das einzige Instrument, das singe wie eine Menschenstimme, meint der herausragende Kenner dieses Instruments David Schoenbaum in seinem Werk *Die Violine: Eine Kulturgeschichte des vielseitigsten Instruments der Welt*, übers. von Angelika Legde, Kassel: Bärenreiter/ Metzler 2015. Und tatsächlich lässt der Taugenichts häu-

Geige als Sprachrohr der Seele

fig seine Geige für sich sprechen. Sie ist seine Seele und sein Sprachrohr; ihre Klänge ergänzt er durch seinen Gesang. Selten bewältigt er die vielen rätselhaften Situationen seiner Reise durch Gespräche, Fragen oder eigene Mitteilungen, darum bleiben auch alle Missverständnisse bestehen. Erst das Mitteilungsbedürfnis von Aurelie, die bis dahin ebenso schweigsam wie der Taugenichts gewesen ist, klärt alle Rätsel auf. Die Welt ist für den Taugenichts voller Geräusche, Vogelgesang, Musik, Rauschen der Donau und eigener Musik, aber er ist unfähig, sie rational zu erfassen, sein Handeln zu planen und sich selbst in dieser Welt einzuordnen.

Der Taugenichts als akustisch orientierter Mensch

In ihren *Phantasien über die Kunst* schreiben die beiden romantischen Autoren Wilhelm Wackenroder und Ludwig Tieck um 1796 zum „Wunder der Tonkunst“:

Musik als „Sprache der Engel“

> „Die Musik aber halte ich für die wunderbarste dieser Erfindungen, weil sie menschliche Gefühle auf eine übermenschliche Art schildert, weil sie uns alle Bewegungen unsers Gemüts unkörperlich, in goldne Wolken luftiger Harmonien eingekleidet, über unserm Haupte zeigt, – weil sie eine Sprache redet, die wir im ordentlichen Leben nicht kennen, die wir gelernt haben, wir wissen nicht wo und wie, und die man allein für die Sprache der Engel halten möchte.“
> (W. Wackenroder / L. Tieck, *Phantasien über die Kunst*, hrsg. von Wolfgang Nehring, Stuttgart: Reclam 1973, S. 65 f.)

Mit seiner Geige vermag der Taugenichts auch die Ausgelassenheit und Lebenslust seiner Mitmenschen zu wecken. Zweimal beglückt er junge Menschen, die sich durch sein Geigenspiel zum ausgelassenen Tanz anregen lassen. Doch beide Male ist auch dieses Musizieren mit der Gefahr erotischer Verführung verbunden, etwa wenn die Gastwirtstochter dem Taugenichts eindeutige Heiratsangebote macht und wenn beim Tanz in dem römischen Garten „die schlanken Mädchen, und die Kammerjungfer mitten unter ihnen, […] mit aufgehobenen Armen wie heidnische Waldnymphen“ (K 66.4–6 / R 79.12–14) tanzen und die Kammerjungfer dem Taugenichts bescheinigt, dass er „ja wie ein Ziegenbock“ (K 66.16 / R 79.25 f.) gesprungen sei. Damit sieht das Kammermädchen im Taugenichts nach christlichen Vorstellungen den unkeuschen Sünder und den Teufel (vgl.

Musik und Lebensfreude

Erotische Komponente der Musik

Matthäus 25,32), zugleich spielt sie aber auch die Verführerin, wenn sie dem Taugenichts einen Brief übergibt, den dieser fälschlicherweise seiner „schönen Frau" zuordnet. Tatsächlich aber stammt er von der römischen Gräfin, die ihn zu einem erotischen Abenteurer einlädt.

Geige als Symbol der Seele

Die Geige und das Geigenspiel werden in der Literatur häufig als Symbol für die Seele sowie als Ausdrucksform seelischen Empfindens verwendet. Gelegentlich aber wird das Geigenspiel auch mit dem Teufel in Verbindung gesetzt. Dahinter verbirgt sich das Vorurteil gegenüber der Geige, mit der der Tod seine Opfer zum „Tanz" begleitet. Der Hinweis auf die jungen Leute, die ausgelassen wie Waldnymphen tanzen, unterstreicht den Blick auf das Magische und Triebhafte, denn diese Naturgeister der griechisch-römischen Mythologie schweifen ungebunden umher, jagen Wild und tanzen verborgen im Wald.

## Schlaf und Traum

Schlaf als Flucht

So wie der Taugenichts sich jeglicher bürgerlichen Arbeit entzieht und in die Musik flüchtet, so geht er auch unbekannten und unbequemen Situationen unbewusst aus dem Weg: Immer wieder wird er plötzlich vom Schlaf überfallen. Dabei handelt es sich aber nicht um einen Schlaf, der aus der Ermüdung durch Arbeit resultiert, sondern um ein „ein entsetzliches und unaufhaltsames Schlafen". Die Abneigung gegen das Arbeitsame drückt sich in einer gewissen Schlaf-Sucht aus: Sobald der Taugenichts in der Kutsche oder in einem Garten sitzt, schläft er ein:

> „Ich wollte mir doch Italien recht genau besehen und riss die Augen alle Viertelstunden weit auf. Aber kaum hatte ich ein Weilchen so vor mich hingesehen, so verschwirrten und verwickelten sich mir die sechzehn Pferdefüße vor mir wie Filet so hin und her und übers Kreuz, dass mir die Augen gleich wieder übergingen, und zuletzt geriet ich in ein solches entsetzliches und unaufhaltsames Schlafen, dass gar kein Rat mehr war." (K 36.25–32 / R 45.11–18)

Schlaf als Heilschlaf und paradiesischer Zustand

Dieser Schlaf, der den Taugenichts immer wieder in den Zustand des Unbewussten führt, scheint eine Art Heilschlaf und paradiesischer Zustand zu sein, aus dem er gestärkt erwacht. Während sein Vater in der Mühle lautstark arbeitet, erwacht der Taugenichts im warmen Sonnenschein. Seine Verstoßung durch den Vater erscheint hier wie die Verbannung aus dem Paradies.

Traum als neues literarisches Motiv

Zugleich eröffnet der Schlaf dem Autor die Möglichkeit, den Erlebnissen des Taugenichts den Traum als Gegenwelt gegenüberzustellen. Dabei bedient sich Eichendorff eines Motivs, das in der Romantik weit verbreitet ist. Wurde im Mittelalter der Traum als Merkmal teuflischer Kräfte verurteilt und in der Aufklärung als mangelnde Vernunft betrachtet, so hat die Romantik das Träumen als literarischen Gegenstand entdeckt und zum Motiv erhoben.

So legt sich der Taugenichts auf dem Weg nach Italien „recht behaglich" unter einen Apfelbaum und beobachtet aus der Ferne, wie „geputzte Landleute […] überall zwischen Wiesen und Büschen nach der Kirche" (K 24.29 f. / R 31.35 f.) ziehen. Schon im Halbschlaf erinnert er sich an seine „Mühle und an den Garten der schönen gnädigen Frau" (K 24.32 f. / R 32.2 f.). Dann verflechten sich im Schlaf seine Beobachtungen und Gedanken mit einem Traum von der schönen Frau. Aus dem Tal scheint sie langsam auf ihn zuzufliegen, „zwischen den Glockenklängen, mit langen weißen Schleiern, die im Morgenrote wehten" (K 24.36–25.1 / R 32.6–8).

Traum von Aurelie in marienhafter Kleidung

Diese wehenden weißen Schleier, die zunächst an die marienhafte Kleidung von Aurelie erinnern, lassen nun „ihre Gefährlichkeit, die Verbindung mit der Geisterwelt und mit dem Tode, sehr viel stärker erkennen" (Otto Eberhardt, *Eichendorffs „Taugenichts": Quellen und Bedeutungshintergrund,* Würzburg: Königshausen und Neumann 2000, S. 291), zumal der „Platz unter dem Apfelbaum […] ein besonderer Platz der Versuchung" (ebd.) ist. Plötzlich wandeln sich im Traum des Taugenichts Ort und Stimmung: Er sieht sich in seinem

> „Dorfe an der Mühle in den tiefen Schatten. Aber da war alles still und leer, wie wenn die Leute Sonntag in der Kirche sind" (K 25.3 f. / R 32.9–11).

Die Erinnerung an den „Orgelklang" am Sonntag in der Kirche schmerzt ihn. Die Leere und die tiefen Schatten sind jetzt nicht mehr der friedlichen Stimmung des Sonntags und des Gottesdienstes zuzuordnen, sondern deuten auf Tod und Gottesferne hin. Kurz vermag ihn die ‚schöne Frau' wie ein guter Engel zu beruhigen und zu beschützen: Sie ist „sehr gut und freundlich", hält ihn „an der Hand", geht mit ihm und singt „in einem fort in dieser Einsamkeit das schöne Lied, das sie damals immer frühmorgens am offenen Fenster zur Gitarre gesungen hat" (K 25.6–10 / R 32.14–17).

Doch schon dieses Singen „in einem fort" vermag die Einsamkeit nicht völlig zu überwinden. Nun erinnert sich der Taugenichts im Traum an „ihr Bild in dem stillen Weiher", es scheint ihm jetzt „noch vieltausendmal schöner" (K 25.10 f. / R 32.18 f.). Dann aber mischt sich etwas Gefährliches in das Traumbild: War Aurelies marienhafte Erscheinung im Spiegelbild des Wassers vorherrschend, so erschrecken den Taugenichts nun ihre „sonderbaren großen Augen, die [ihn] so starr" ansehen, dass er sich „beinah gefürchtet hätte" (K 25.11 f. / R 32.19 f.).

Wandlung des Traumbildes

> „Noch in einem letzten Punkt überbietet der Traum die vorher vom Taugenichts erlebte Wirklichkeit, und darauf kommt es vor allem an: Während Aurelie sich vorher gegenüber dem Taugenichts stets passiv verhielt, […] realisiert [sie] nun also ganz offen die Rolle der Venus, indem sie ihre werbende Liebe sichtbar einsetzt. […] Der Taugenichts überläßt sich gerne dieser Versuchung, bis sie ein plötzliches Ende findet, und zwar auf beiden Seiten, durch die Verwandlung der Venusgestalt und durch die Verwandlung seines eigenen Zustands." (Eberhardt 2000, S. 293)

Traumgestalt als Versuchung

Angsttraum

Aber nicht nur die Augen beunruhigen den Träumenden, sondern auch die Weiterentwicklung der Traumbilder hin zu Elementen des Unheimlichen:

> „Da fing auf einmal die Mühle, erst in einzelnen langsamen Schlägen, dann immer schneller und heftiger an zu gehen und zu brausen, der Weiher wurde dunkel und kräuselte sich, die schöne Fraue wurde ganz bleich und ihre Schleier wurden immer länger und länger und flatterte entsetzlich in langen Spitzen, wie Nebelstreifen, hoch am Himmel empor; das Sausen nahm immer mehr zu" (K 25.12–18 / R 32.20–27).

Bauer als Auslöser des Albtraums

Dass nun gerade der Bauer, mit dem sich der Taugenichts zuvor unterhalten hat, der Auslöser dieser unheimlichen letzten Traumphase ist, scheint folgerichtig, denn der Bauer beschimpft den Taugenichts als „Faulenzer", weil er nicht in die Kirche gegangen ist. Er kritisiert also eine schwerwiegende Verfehlung des Taugenichts. Nach dem katholischen Geistlichen und Prediger Abraham a Santa Clara (1644–1709) „gibt es für den Menschen nichts Schädlicheres als ‚das Faulenzen', denn der Teufel findet dabei sofort eine Gelegenheit für sein böses Wirken" (Eberhardt 2000, S. 297).

Faulenzen als schwerwiegende Verfehlung

Und eine „kuriose grausliche Angst" überfällt den Taugenichts nach der Beschimpfung des Bauern, der als „kurzer, stämmiger, krummbeiniger Kerl [...] mit vorstehenden glotzenden Augen" und „eine[r] rote[n] schiefe[n] Nase" beschrieben wird (vgl. K 26.2–4 / R 33.13–15). Diese fratzenhafte Gestalt verunsichert den Taugenichts so sehr, dass er sich im Gebirge verläuft und auf einen Holzweg gerät.

# Figurenkonstellation

Figuren sind fiktive Personen, die durch ihre Einstellungen, Eigenschaften oder Entscheidungen die erzählten Handlungen auslösen. Dabei sind sie durch verschiedene Merkmale bestimmt, die sie in Kontrast zu anderen Figuren setzen. In der Erzählung *Aus dem Leben eines Taugenichts* steht die Hauptfigur in krassem Gegensatz zu den Personen, die sich als Philister (z.B. der Vater, der Bauer, der Gärtner) herausstellen und dem Ideal von Freiheit und Naturverbundenheit widersprechen.

Figuren als Gegensätze

Auf der anderen Seite fühlt der Taugenichts sich hingezogen zu einer Frau, die er anbetet und die er von ihrem Verhalten und Wesen fälschlicherweise für eine Adlige hält. Hinzu kommen Figuren, die durch ihre Handlungsweise und ihr Verhalten die Handlung komplizieren und verrätseln (das flüchtende Liebespaar, der Bucklige, der verliebte Student, die Kammerzofe im Schloss und in Rom, die Maler). Die römische Adlige kann als Verführerin und Verkörperung der symbolhaften „Frau Venus" gesehen werden.

## Die beiden Hauptfiguren

- Der Taugenichts als erlebende und im Rückblick erzählende Titelfigur nimmt die Gegenposition zu den Philistern ein.
- Aurelie, die vermeintlich adelige Dame, ist die Figur, die die Handlung aufgrund einer Reihe von Missverständnissen und Irrtümern vorantreibt.
- Sie bestimmt das Denken und Fühlen des Taugenichts.
- Am Schluss werden beide vereint.

Der Taugenichts und die von ihm verehrte „schöne gnädige Frau"

### Der Taugenichts

Zu Beginn der Erzählung wird der Sohn eines Müllers vom eigenen Vater auf die Straße gesetzt, denn er sei ein Taugenichts und solle nun selbst sein Brot verdienen.

Unbeschwert akzeptiert der junge Mann diesen abwertenden Spottnamen, seinen richtigen Namen erfahren wir nie. Er beruft sich sogar auf die Bezeichnung Taugenichts, wenn er beschließt, auf „Reisen zu gehen" (K 3.15 / R 7.18) und sein Glück zu machen.

Definition von ‚taugen'

Das Wort „taugen" wird im Sinne von „für etwas förderlich, brauchbar, passend, geeignet, dienlich, gut, nützlich sein" verwendet, und so ist der Taugenichts also eine Person, die zu nichts taugt. Der Vater präzisiert den Unmut über seinen Sohn: Er sonne sich nur, dehne und recke sich und lasse ihn alle Arbeit tun. Er ist also tatsächlich im Hinblick auf seine Arbeitsleistung und Lebenseinstellung nicht nützlich. Daher müssen ihm – wie im Märchen – das Glück und der Zufall helfen.

Damit steht der Taugenichts im Gegensatz zu den Philistern, deren Nützlichkeitsdenken ihm fremd ist. Und so ist es auch nicht verwunderlich, wenn ihn diejenigen, die arbeiten, als „Gesindel und Bauerlümmel" (K 6.14 f. / R 10.29 f.), „faulen Bengel" (K 9.17 / R 14.8), „Faulenzer" (K 25.28 f. / R 33.3), „Landstreicher" (K 68.8 / R 81.31) und „furfante" (K 62.24 / R 75.13), also Spitzbube, beschimpfen.

Lebenseinstellung der Philister

In seinem Essay „Von Volksliedern" charakterisiert der Romantiker Achim von Arnim die gegensätzliche Lebenseinstellung der auf Produktivität und Nützlichkeit ausgerichteten Philister zu denen, die als Taugenichtse verschrien sind:

> „Die Volkslehrer, statt in der Religion zu erheben, was Lust des Lebens war und werden konnte, erhoben schon früh gegen Tanz und Sang ihre Stimme […]. Der Nährstand, der einzig lebende, wollte thätige Hände, wollte Fabriken, wollte Menschen die Fabrikate zu tragen, ihm waren die Feste zu lange Ausrufungszeichen, und Gedankenstriche, ein Komma meinte der, hätte es auch wohl gethan. Noch mehr, seine Bedürftigkeit wurde den andern Ständen Gesetz […], weil der Nährstand eines festen Hauses bedarf, so wurde jeder als Taugenichts verbannt, der umherschwärmte in unbestimmtem Geschäfte, als wenn dem Staate und der Welt nicht gerade diese schwärmenden Landsknechte und irrenden Ritter, diese ewige Völkerwanderung ohne Grenzverrückung,

> diese wandernde Universität und Kunstverbrüderung zu seinen besten schwierigsten Unternehmungen allein taugten." (A. von Arnim, „Von Volksliedern", in: *Des Knaben Wunderhorn. Alte deutsche Lieder*, gesammelt von L. Achim von Armin und Clemens Brentano, München: Winkler 1957, S. 869)

Schon das erste Lied, das der Taugenichts beim Auszug aus der Heimat singt, kennzeichnet seinen Leitgedanken: Er lässt den „lieben Gott" walten. Gottes Gunst besteht darin, dass er ihn in die „weite Welt" schickt und seine „Sach' auf's Best' bestellt" hat. Im Gegensatz dazu plagen die „Trägen", also diejenigen, die sich nicht in die weite Welt trauen, „Sorgen, Last und Not um Brot".

Der Vater ist mit seiner Schlafmütze und der Mühle, die für die Eintönigkeit der Arbeit und für das unaufhaltsame Verstreichen der Zeit steht, ein typischer Vertreter der Philister. Die Ambivalenz dieses Bildes zeigt sich jedoch darin, dass die väterliche Mühle sich fest in das Gedächtnis des Taugenichts eingebrannt hat und an zentralen Stellen als sehnsuchtsvolles Erinnerungsmotiv in sein Bewusstsein tritt.

Der ewige Sonntag

Als der Taugenichts sein Dorf verlässt, verabschiedet er sich „stolz" und mit „heimliche[r] Freude" von seinen Bekannten, den „armen Leuten" (K 3.23–27 / R 7.27–31), die arbeiten müssen. Zwar hört ihn niemand, dennoch ist es ihm in diesem Augenblick „wie ein ewiger Sonntag im Gemüte" (K 3.29 / R 7.34). Für ihn gibt es nun auch keinen Werktag mehr. Das unterscheidet ihn gänzlich von den Philistern. Im Gegensatz zu ihnen lebt der Taugenichts buchstäblich in den Tag hinein, denn er will in die Welt gehen und sein Glück machen, verfolgt also kein Ziel und hat keine konkreten Pläne. Der Aufbruch nach Italien geschieht spontan. Die Ereignisse, die seine Reise begleiten, bleiben ihm weitgehend unverständlich, denn er handelt nicht selbst, vielmehr wird das Geschehen von der Gräfin Flora und ihrem Verlobten gesteuert. Dort, wo der Zufall dem Taugenichts neue Möglichkeiten als Gärtner oder als Steuereinnehmer beschert, erweist er sich nach kurzer Zeit als unwillig und untauglich.

Anziehungskraft der Hauptfigur

Die Figur des Taugenichts hat – vielleicht gerade aus diesem Grund – eine große Anziehungskraft auf den Leser: „Man ist sich mit ihm sogleich einig, stimmt ihm zu, ist sogleich bereit, mit ihm aufzubrechen, in die Welt hinauszugehen und sein Glück zu machen." (Wilhelm Gössmann, „Der ‚Taugenichts' als literarisches Deutschlandbuch", in: *Joseph von Eichendorff. Seine literarische und kulturelle Bedeutung*, hrsg. von W. G. und Christian Hollender, Paderborn/München/Wien/Zürich: Schöningh 1995, S. 148) Zugleich sieht der Leser ein, dass der Taugenichts kein real fassbarer Mensch ist. Im Märchen und ähnlichen Erzählungen finden sich derartige Gestalten. Meist haben sie fest ausgeprägte Eigenheiten, ohne sich jedoch im Laufe der Erzählung wesentlich zu verändern. Daher kann man voraussehen, wie sie sich verhalten werden.

Ihre Vorlieben und Besonderheiten zeigen sich in den sie kennzeichnenden, charakteristischen Attributen oder Requisiten, etwa in der Haartracht, Kleidung, den Bewegungen oder typischen, symbolhaften Gegenständen wie z. B. der Geige im Falle des Taugenichts. Dennoch ist Eichendorffs Titelfigur

Taugenichts als Möglichkeit poetischer Identifikation

> „nicht eine deutsche Gestalt, wie man viele aufzählen könnte […]. Deutsche Gestalten dieser Art haben immer […] etwas Verdächtiges an sich. Der Taugenichts ist dagegen eine Gestalt in der deutschen Literatur, mit der man sich identifizieren kann, eine poetische Identifikation, die nicht fixiert, sondern frei werden läßt. Das Deutschland, auf das man dabei trifft, ist dann eben nicht das Deutschland der Arbeit, der politischen Profilierung, der Tat und des Ernstes, sondern das der Kunst und der seelischen Leichtigkeit, auch der unbekümmerten Wahrhaftigkeit." (Gössmann 1995, S. 149)

## Aurelie – die schöne gnädige Frau

Kaum hat der Taugenichts sich von seinem Heimatdorf entfernt, wird er von zwei vornehmen Damen in einem „köstlichen" Reisewagen angehalten und schließlich mitgenommen. Beide Frauen gefallen dem jungen Mann, aber eine ist „besonders schön und jünger als die andere" (K 4.20 / R 8.25). Zwar ist diese zunächst eher abgeneigt, den Taugenichts mitzunehmen, denn sie „schüttelte einige Mal mit dem Kopf" (K 4.29 / R 9.4), doch der Taugenichts ignoriert dies. Zwar glaubt er, zwei adlige Damen vor sich zu haben, doch – wie sich letztlich herausstellt – reist eine Gräfin mit ihrer Kammerzofe. Dass die Verbindung der beiden Frauen so eng ist, dass der Taugenichts beide Frauen für gesellschaftlich ebenbürtig hält, wird erst zum Schluss aufgeklärt: Aurelie ist keine Adlige, sondern ein Waisenkind, das von seinem Onkel, dem Portier, aufs Schloss gebracht und von der Gräfin als Pflegetochter angenommen wurde. Daher ist Aurelie auch in das gesellschaftliche Leben des Schlosses einbezogen, nimmt an Jagdpartien und Bootsausflügen teil und wird an ihrem Geburtstag gefeiert.

Aurelies Stellung als Kammerzofe

Schon bald erscheint dem Taugenichts die junge Frau „groß und freundlich wie ein Engelsbild“ (K 7.8 / R 11.25 f.), er sucht ihre Nähe und wartet morgens im Gebüsch, um einen Blick auf sie zu werfen. Tatsächlich sieht er „die allerschönste Dame noch heiß und halb verschlafen im schneeweißen Kleide an das offene Fenster hervortreten“ (K 8.21–13 / R 13.9–11). Sie flicht ihre „dunkelbraunen Haare“ und singt zur Gitarre, dass sich dem Taugenichts „das Herz umwenden will vor Wehmut“ (K 8.28 f. / R 13.16 f.).

Bei einer Kahnfahrt wird der Taugenichts aufgefordert, sein „hübsches Liedchen von einer vielschönen Fraue“ (K 10.31 / R 15.29) zu singen. Während die ältere der beiden Frauen ihn „sehr freundlich“ ansieht, hat die schöne Frau „während [s]eines ganzen Liedes die Augen niedergeschlagen“ (K 11.28 f. / R 16.27 f.). Wortlos verlässt seine Angebetete den Kahn und verzweifelt fällt dem Taugenichts ein, dass sie so schön und er so arm, verspottet und verlassen von der ganzen Welt ist (vgl. K 11.32–12.1 / R 16.32–17.2).

Enttäuschungen

Täglich bindet er einen Blumenstrauß für seine geliebte schöne Frau und legt ihn auf einen Tisch. Sein Garten wird zum Abbild der geliebten Frau:

> „Die Rosen waren […] wie ihr Mund, die himmelblauen Winden wie ihre Augen, die schneeweiße Lilie mit ihrem schwermütig gesenkten Köpfchen sah ganz aus wie Sie.“ (K 18.5–8 / R 24.3–6)

Der Garten als Abbild der schönen Frau

Eines Tages trifft er seine schöne gnädige Frau „in einem grünen Jagdhabit und mit nickenden Federn auf dem Hute“ (K 14.36 f. / R 20.20 f.). Überglücklich sieht er, dass sie wirklich den „Blumenstrauß von gestern an der Brust“ (K 15.8 f. / R 20.31 f.) trägt, und bittet sie überschwänglich: „Schönste gnädige Frau, nehmt auch noch diesen Blumenstrauß von mir“ (K 15.10 f. / R 20.33 f.). Nach kurzem Zögern nimmt sie den Strauß an und verschwindet wortlos. Danach jedoch muss er verdrossen feststellen, dass seine geflochtenen Sträuße liegen bleiben.

Eines Abends belauscht der Taugenichts ein Fest im Schloss und beobachtet von seinem Baumversteck aus, wie sich die Flügeltüren auf dem Balkon des Schlosses öffnen:

Die Balkonszene

> „Ein hoher Herr, schön und stattlich in Uniform und mit vielen funkelnden Sternen, trat auf den Balkon heraus, und an seiner Hand – die schöne junge gnädige Frau, in ganz weißem Kleide, wie eine Lilie in der Nacht, oder wie wenn der Mond über das klare Firmament zöge.“ (K 21.9–13 / R 27.26–31)

Zunächst bewundert der Taugenichts seine Angebetete, bis er zu erkennen glaubt, dass „die Schöne […] lange verheiratet ist“ (K 21/26 f. / R 28.10 f.). „[T]raurig und doch auch wieder so überaus fröhlich“ (K 23.3 f. / R 29.35) nimmt er sein Instrument. Doch die Resignation überwiegt, wie sein Abschied deutlich macht, wenn er am frühen Morgen das Schloss mit dem Ausspruch Jesu vor Pilatus (vgl. Johannes 18,36) verlässt und sich auf die Reise nach Italien begibt.

Der missverständliche Brief

Auf dieser Reise erhält der Taugenichts fälschlicherweise einen Brief von Aurelie, die hier zum einzigen Male mit Namen genannt wird. Darin bittet sie den Empfänger, rasch nach Wien zurückzukehren, da alle Hindernisse beseitigt seien. Der Taugenichts bezieht diese Botschaft auf sich, glaubt, dass Aurelie ihn liebt, und beschließt voller Glück, rasch nach Wien zurückzukehren. Die Nähe Roms jedoch lässt ihn die Rückreise verschieben. Was er nicht wissen kann: Aurelies Brief ist an den jungen Grafen gerichtet und signalisiert, dass der

Widerstand der Mutter gegen seine Heirat beendet ist. Bis zum letzten Kapitel bleibt der Taugenichts aufgrund des Briefes im Glauben an ein glückliches Ende mit seiner angebeteten „gnädigen Frau“, das sich dann ja auch – jedoch völlig anders als gedacht – erfüllt.

Suche in Rom

In Rom angekommen glaubt er den Gesang seiner Geliebten zu hören, und auf einmal fällt ihm „die schöne alte Zeit mit solcher Gewalt aufs Herz, dass [er] bitterlich hätte weinen mögen“ (K 55.35 f. / R 67.15 f.). In einem mondbeschienenen Garten meint er sogar die Geliebte in Gestalt einer weißen Frau zu erkennen, die in ein Haus flüchtet. Doch als er am nächsten Morgen das Haus näher untersucht, erfasst ihn „ein ordentliches Grausen“, weil es „schon seit vielen Jahren unbewohnt“ (K 57.8 / R 68.34 f.) ist.

Erneut keimt in ihm Hoffnung auf ein Wiedersehen auf, als er bei dem Maler, den er in seinem Atelier aufsucht, erfährt, dass „eine Gräfin aus Deutschland [...] sich in allen Winkeln von Rom nach den beiden Malern und nach einem jungen Musikanten mit der Geige“ (K 60.30–33 / R 73.5–8) erkundigen lässt. Dass dies die Mutter des jungen Grafen ist, kann der Taugenichts ebenso wenig wissen, wie der Malerfreund die Verwechslung des Taugenichts ahnen kann. Als dieser dann auch noch auf einem Bild des Malers seine „schöne gnädige Frau [...] in einem schwarzen Samtkleide“ wiedererkennt, eilt er glücklich in die Stadt, um noch einmal das Gartenhaus vom Tag zuvor aufzusuchen, ohne es jedoch wiederzufinden.

Verführungsversuch

Am Ende eines Festes lädt eine junge Kammerzofe den überraschten Taugenichts heimlich zu einem Treffen mit der schönen jungen Gräfin ein. Als er nun auch noch von dem Maler erfährt, dass dies die Kammerzofe „der deutschen Gräfin“ gewesen sei, ist der Taugenichts überzeugt, dass seine geliebte Frau in Rom ist. Die Begegnung mit der Gräfin verläuft allerdings unvorhergesehen, denn der Taugenichts trifft keineswegs auf seine „schöne Gräfin“, sondern auf eine „große korpulente, mächtige Dame mit einer stolzen Adlernase“ (K 71.4 f. 7 R 85.7 f.), die ihn wütend zurückweist. Zudem erfährt er von der Kammerzofe, dass seine Angebetete schon längst wieder in Deutschland sei und nach ihm schmachte. Nach diesem niederschmetternden Erlebnis kehrt der junge Mann Rom den Rücken und wandert „noch zur selbigen Stunde zum Tore hinaus“ (K 72.15 f. / R 86.27 f.). In Wien angekommen, verdichten sich für den Taugenichts die Hinweise darauf, dass er der zukünftige Bräutigam der schönen Gräfin sei.

Veränderung Aurelies

Während sich Aurelie im Verlauf der Erzählung schüchtern zurückhält, tritt sie im letzten Kapitel selbstbewusst und gesprächig auf. Wortreich klärt sie den Taugenichts über die Verwechslungen und Missverständnisse auf, die durch die Flucht des jungen Grafen und seiner Geliebten entstanden sind. Schließlich erhalten Aurelie und der Taugenichts als Hochzeitsgeschenk ein kleines Schlösschen.

Aurelie als schemenhafte, konturlose Person

Obgleich Aurelie immer wieder ins Zentrum der Gedanken des Taugenichts und der Handlung rückt, bleibt sie – mit Ausnahme des letzten Kapitels – schemenhaft und konturlos. Die vielen stereotypen Wiederholungen („schöne gnädige Frau“) lassen erkennen, dass Aurelie in der Novelle zwar eine zentrale Gestalt, aber kein ausgearbeiteter Charakter ist. Dies resultiert auch aus dem Namen (Aurelia, d. h. die Goldene) und der religiösen Idealisierung, etwa wenn Aurelie mit einem Engel oder Engelsbild verglichen wird.

Als imaginierte Person treibt Aurelie das Handeln des Taugenichts voran, bestimmt sein Denken und seine Gefühle. Aber durch die einseitige Perspektive des Taugenichts auf seine geliebte Frau, die sich in den Stereotypen und den emotional geprägten Bildern widerspiegelt, bleibt sie ohne seelische Tiefe und differenzierten Charakter. Nur die Reaktionen des Taugenichts zwischen glücklicher Bewunderung, kindlich erscheinender Liebe und melancholischer Reflexion der eigenen Bedeutungslosigkeit verschaffen ihr Bedeutung für die Erzählung.
Aurelies tugendhafter Wandel und ihre fast marienhaft anmutende Gestalt werden unterstrichen durch das Attribut der Lilie: Als der Taugenichts die Schlossgesellschaft über den Schwanenteich im Schlossgarten rudert, beobachtet er Aurelie, die eine Lilie in der Hand hält.

Mit dem Engelvergleich, dem blauen Himmelsgrund, der stillen Heiterkeit und der weißen Lilie erscheint sie marienhaft überhöht. So ist beispielsweise in der christlichen Kunst und Literatur die weiße Lilie das wichtigste Attribut Marias. Als Aurelie auf den Balkon des Schlosses tritt, sieht der Taugenichts sie von seinem Baumversteck „in ganz weißem Kleide, wie ein Lilie in der Nacht, oder wie wenn der Mond über das klare Firmament zöge“ (K 21.11–13 / R 27.29–31).

Besondere Bedeutung der Kleidung

Eichendorff hat selbst darauf hingewiesen, dass Kleidung für ihn niemals willkürlich gewählt ist, sondern immer eine charakteristische Bedeutung hat. Die Gestalten des Himmels tragen weiße Kleider, der Engel am Grab Jesu trägt ein Kleid „weiß wie Schnee“ (Markus 9,3), und die Auserwählten am Jüngsten Tag sind „angethan mit weißen Kleidern“ (Buch Daniel 7,9).

## Die Nebenfiguren

- Der bucklige Verfolger
- Das verführerische Mädchen vor der Gastwirtschaft
- Die Kammerzofe und das Kammermädchen
- Exkurs: Frauenleben
- Die Philister
- Die Maler und Studenten
- Die römische Adlige

Verrätselung der Handlung durch die Nebenfiguren

### Das schmucke Mädchen – die Venus im einfachen Volk

Auf seiner Reise nach Italien kommt der Taugenichts sonntags an einem Wirtshaus vorbei und trifft auf Dorfbewohner, denen er sofort auf seiner Geige vorspielt und sie damit zum Tanzen veranlasst. Ein ‚schmuckes‘ Mädchen bringt ihm Wein, lacht ihn

> „freundlich an, und ihre perlweißen Zähne schimmerten recht charmant zwischen den roten Lippen hindurch, sodass ich sie wohl hätte darauf küssen mögen. Sie tunkte ihr Schnäbelchen in den Wein, wobei ihre Augen über das Glas weg auf mich herüberfunkelten“ (K 28.14–18 / R 35.34–36.2).

Lilie als christliches Symbol

Die verlockende Verführerin

Die Beschreibung des Blicks und die – fast stereotypen – Schönheitsmerkmale rote Lippen und weiße Zähne lassen das junge Mädchen als verlockende Verführerin erscheinen, zumal sie dem Taugenichts nach dem Tanz eine Rose schenkt und ihn bittet, doch im Dorf zu bleiben, um Geld zu verdienen, da ihr Vater sehr reich sei. Doch der Verführungsversuch scheitert, weil das vertrauliche Gespräch durch den Hinauswurf des betrunkenen Barbiers aus dem Wirtshaus lautstark unterbrochen wird und das junge Mädchen „wie ein Reh“ davonspringt. Eigentlich hatte sie noch etwas sagen wollen, aber – wie zuvor im Lied angedeutet – weist Gott dem Taugenichts den rechten Weg, wenn der Betrunkene die Versuchung unterbindet.

Wieder allein malt sich der Taugenichts das Glück aus, das sich ihm angeboten hätte: Das Mädchen ist „jung, schön und reich“ und verspricht ein Leben wie im Schlaraffenland mit „Hammel und Schwein, Puter und fette[n] Gänse[n] mit Äpfeln gestopft“ (K 30.13 f. / R 38.1 f.). Doch eine armselige Begründung hält ihn davon ab, dem Mädchen nachzugehen: Er hat kein Geld. Damit entgeht er der erotischen Versuchung und zugleich dem Leben des sesshaften Philisters. Trotz der prächtigen Mondnacht verfällt er in melancholische Gedanken, sieht im Geist seines Vaters Mühle und seine gnädige Frau und fühlt sich so einsam, dass er „hätte weinen mögen“ (K 30.33 / R 38.24).

## Kammerzofen, Kammermädchen

Anforderungen an eine Kammerzofe

Kammerzofe wird seit dem 17. Jahrhundert eine weibliche Person genannt, die im Dienst einer adligen Dame steht. Vielfach unterstand sie dabei einer Kammerfrau, war aber im Amt höher als das Kammermädchen. Wichtige Voraussetzungen für diesen bei jungen Frauen begehrten Arbeitsplatz waren gutes Benehmen, gutes Aussehen, Bescheidenheit, Freundlichkeit und Diskretion. Da sie unentwegt im Umfeld ihrer Herrin arbeiteten, waren sie häufig in alle inneren Abläufe und persönliche Geheimnisse der herrschaftlichen Tätigkeiten eingeweiht. Seit dem 17. Jahrhundert war die Kammerzofe auch eine sehr beliebte Figur im Theater (v. a. in

Komödien) und in der Oper. Hier war sie häufig in Intrigen, Verwechslungen und frivole Ereignisse verwickelt oder inszenierte diese sogar. Im Gegensatz zu den Ansprüchen in der Wirklichkeit zeichneten sich die Kammerzofen im Theater durch List und Schlagfertigkeit, sprachliche Offenheit und Geistesgegenwart aus, manchmal auch – vor allem in Komödien – durch Tölpelhaftigkeit.

Aurelie als vorbildliche Zofe

Während Aurelie im Aussehen, ihrer Zurückhaltung, ihrer Bescheidenheit und Schweigsamkeit das Idealbild einer Kammerzofe darstellt, gehört die Kammerjungfer und Dienerin der älteren Gräfin auf dem Schloss bei Wien eher zum Schlag der verführerischen und schnippischen Dienstboten. Sie tritt dabei zunächst als Verbindung zu der älteren Gräfin – also zum herrschaftlichen Schloss – auf: Sie überbringt dem Taugenichts das Angebot, als Gärtner zu arbeiten (vgl. K 6.3 f. / R 10.16 f.), bringt ihm von ihrer Herrin eine Flasche Wein (vgl. K 7.25 f. / R 12.10 f.) und gibt einen Blumenstrauß in Auftrag. Ihre Äußerungen führen dazu, dass der Taugenichts glaubt, seine angebetete Dame sei die Auftraggeberin. Offenkundig schürt das Kammermädchen diese Verwechslung noch, denn sie spricht davon, dass die „vielschöne gnädige Frau" sie beauftragt habe. Zugleich wirkt das junge Mädchen auf den Taugenichts mit ihrem „kleine[n] Näschen" (K 17.13 / R 23.7 f.), ihrer Lebendigkeit und unbekümmerten Art so anziehend, dass er sie „zu erhaschen und zu küssen" (K 17.30 / R23.27 f.) sucht. Die Verführung scheitert jedoch – wie später noch zweimal – kläglich, weil der Taugenichts über seinen Schlafrock stolpert und dem Lachen der Kammerjungfer anheimfällt.

In Rom begegnet dem Taugenichts dieses selbstbewusste Kammermädchen als Zofe der römischen stattlichen Frau wieder. Sie lädt den Taugenichts zu einem heimlichen Rendezvous mit einer schönen Frau ein. Wieder ist sie es, die die Verführung des Taugenichts in die Wege leitet. Hatte sie schon in Wien ihre Herrin zu dem geheimen Treffen im Garten animiert, so sucht sie den Taugenichts nun in die Arme ihrer neuen Herrin zu führen. Offenbar hat sie ihre Herrin auch auf das Treffen vorbereitet, denn diese singt jenes Lied, das Aurelie zur Freude des Taugenichts mehrfach gesungen hat.

Geplante Verwechslung

Tatsächlich lässt der Taugenichts sich zunächst blenden von dem ersten Schein und glaubt seine schöne Geliebte zu erblicken „mit der Gitarre im Arm, auf einem seidenen Faulbettchen“ (K 70.11 f. / R 84.10 f.). Eigentlich müsste er wissen, dass seine angebetete schöne Frau sich niemals so präsentieren würde. Das vermummte Dienstmädchen in einem „Weißmantel“, den ihr der Maler ausgeliehen hat, weil sie fror, erschreckt den Taugenichts. Der glaubt einen Überfall auf seine Geliebte verhindern zu müssen, stolpert jedoch und stürzt – wieder einmal – vor der Haustür. Jetzt erst erkennt er bei genauerem Hinsehen die „große korpulente, mächtige Dame“, die so „recht zum Erschrecken schön“ (K 71.4–6 / R 85.7–9) ist und die ihn nun mit zornigen Blicken abweist. Das Dienstmädchen der Gräfin macht ihrem Ärger über die Ungeschicklichkeit und Begriffsstutzigkeit des Taugenichts lautstark Luft, erklärt ihm, er habe „wieder einmal recht dummes Zeug gemacht“ (K 71.21 / R 85.27 f.), und klärt ihn auf, dass seine tolle „Amour“ „lange schon wieder in Deutschland“ (K 71.30 / R 86.1 f.) ist.

**Exkurs: Frauenleben**

Ausbildung im Pensionat

Auch wenn der Leser vom Leben der Frauen wenig erfährt, so bietet Eichendorff einen kleinen Einblick in Erziehung und Lebensweise junger Frauen dieser Zeit. Zunächst ist wenig über die Bildung der jungen Gräfin Flora bekannt, doch allmählich schärft sich das Bild. Flora beherrscht die standesgemäßen Fertigkeiten einer jungen Adligen: Sie kann singen, spielt ein Instrument, kann reiten und agiert sehr selbstbewusst. Diese Fertigkeiten sind der Ausbildung in einem Pensionat zu verdanken, aus dem sie von Leonhard entführt wurde. Die Flucht vor ihrer Mutter und deren Spion mit ihrem zukünftigen Mann durch das Gebirge zeugt von erstaunlichem Mut und Willen zur Selbstverwirklichung, die zur damaligen Zeit eher ungewöhnlich war. Flora ist offensichtlich keineswegs nur von der Idee geprägt, sich ihrem zukünftigen Gatten anzupassen, denn beide handeln auf ihrer Flucht als gleichberechtigte Partner. Dass die Mutter diese Partnerschaft zu verhindern sucht, zeigt ihre zeitgemäße Vorstellung von Ehe. Mit vierzehn Jahren war ein Mädchen völlig erwachsen, wurde nun vor allem von der Mutter in die Gesellschaft eingeführt und in die Rolle der Mutter und Ehefrau eingewiesen. Dabei war die Hochzeit – gerade in Adelskreisen – häufig nicht viel mehr als ein Vertrag zwischen zwei Familien. Gerade dies suchen nun die beiden Flüchtigen zu verhindern, ihre Verbindung ist offenkundig auf Liebe gegründet. Es versteht sich von selbst, dass adlige Frauen keine Berufe erlernten. Im Gegensatz dazu stehen die jungen Mädchen, die im Schloss, in der Gastwirtschaft und im Gefolge adliger Frauen ihren Lebensunterhalt verdienen müssen.

Hochzeit als Familienvertrag

## Die Philister

Die radikale Gegenposition zum Taugenichts nimmt der Philister ein, der kleingeistige Spießbürger ohne intellektuelle Bedürfnisse. Nahezu alle Dichter der Romantik lehnen den Philister mehr oder weniger deutlich ab: Eine der leidenschaftlichsten Äußerungen stammt von Clemens Brentano, die er 1811 in einer „Scherzhaften Abhandlung" niedergeschrieben hat:

Brentanos satirische Beschreibung eines Philisters

> „Wenn der Philister Morgens aus seinem traumlosen Schlafe, wie ein ertrunkener Leichnahm, aus dem Wasser herauftaucht, so probirt er sachte mit seinen Gliedmaßen herum, ob sie auch noch alle zugegen, hierauf bleibt er ruhig liegen, und dem anpochenden Bringer des Wochenblatts ruft er zu, er solle es in der Küche abgeben, denn er liege jetzt im ersten Schweiß, und könne, ohne ein Wagehals zu seyn, nicht aufstehn; sodann denkt er daran, der Welt nützlich zu seyn, und weil er fest überzeugt ist, daß der nüchterne Speichel etwas sehr heilkräftiges sei, so bestreicht er sich die Augen damit, oder der Frau Philisterin, oder seinen kleinen Philistern, oder seinem wachsamen Hund, oder niemand. Seine weiße baumwollne Schlafmütze, zu welchen diese Ungeheuer große Liebe tragen, sitzt unverrückt, denn ein Philister rührt sich nicht im Schlaf. Wenn er aufgestanden, […] geht es an ein gewaltiges Zungenschaben, und Ohrenbohren, an ein Räuspern und Spucken, entsetzliches Gurgeln, und irgendeine absonderliche Art sich zu waschen, nach einer fixen Idee, kalt oder warm sei gesund; sodann kaut er einige Wacholderbeeren, während er an das gelbe Fieber denkt; oder er hält

> seinen Kindern eine Abhandlung vom Gebet, und sagt, wenn er sie zur Schule geschickt, zu seiner Frau: man muß den äußern Schein beobachten, das erhält einem den Credit, [...] sodann raucht er Taback, wozu er die höchste Leidenschaft hat, oder welches er übertrieben affectirt haßt [...]. Zweifelsohne zieht der Philister nun auch alle Uhren des Hauses auf, und schreibt das Datum mit Kreide über die Thüre; [...].
> Sie nennen die Natur, was in ihren Gesichtskreis oder vielmehr in ihr Gesichtsviereck fällt, denn sie begreifen nur viereckige Sachen, alles andere ist widernatürlich und Schwärmerei." (C. Brentano, „Der Philister, vor, in und nach der Geschichte. Scherzhafte Abhandlung", in: C. B.: *Sämtliche Werke und Briefe*, Bd. 21,1: *Satiren und Kleine Prosa*, hrsg. von Maximilian Bergengruen [u. a.], Stuttgart: Kohlhammer 2013, S. 113–184, hier: S. 151–154)

Äußere Kennzeichen des Philisters

Schon die äußeren Merkmale kennzeichnen den Philister: So trägt der Vater des Taugenichts das wichtigste Kennzeichen des Spießers, die „Schlafmütze schief auf dem Kopfe" (K 3.7 / R 7.9), später wird der Taugenichts vollends die „Uniform" des Philisters tragen, die ihm sein Vorgänger im Zollhäuschen hinterlassen hat: „einen prächtigen roten Schlafrock mit gelben Punkten, grüne Pantoffeln, eine Schlafmütze und einige Pfeifen mit langen Röhren" (K 13.1–3 / R 18.11–13).

Der Bauer als Philister

Der Bauer, den der Taugenichts nach dem Weg nach Italien fragt, trägt den Sonntagsanzug des Philisters: einen „altmodischen Überrock mit großen silbernen Knöpfen und einem langen spanischen Rohr mit einem massiven silbernen Stockknopf darauf" (K 23.25–27 / R 30.22–25). Ohne seine sonntägliche Kleidung aber ist der Bauer nur ein „krummbeiniger Kerl", hat „vorstehende glotzende Augen", „eine rote schiefe Nase" und vermag sich kaum zu artikulieren, sondern sagt weiter nichts als „He! – he!" (K 26.3–5 / R 33.13–16)

Doch nicht nur für den Taugenichts ist der Philister abstoßend, sondern auch für die Autoren der Romantik. Er ist das erklärte Feindbild:

> „Der Philister ist [...] einer, der das Wunderbare, Geheimnisvolle, heruntererklärt und auf Normalmaß zu bringen versucht. [...] Es handelt sich also um Leute, die sich das Staunen und die Bewunderung verbieten. [...] Nicht nur fehlt es ihnen an

> Phantasie, ihnen ist auch jeder suspekt, von dem sie glauben, daß er zu viel davon hat. […] am besten blickt man aus dem Fenster hinaus, aber bleibt im Hause und läßt sich nicht dauerhaft zur Ferne verführen." (Rüdiger Safranski, *Romantik. Eine deutsche Affäre*, München: Hanser 2007, S. 199)

Der Fensterblick des Philisters

Obgleich der Taugenichts eigentlich die Freiheit sucht, das Spießertum seines Vaters ablehnt und sich ziellos auf die Wanderung begibt, beklagt er doch gelegentlich gerade diese Ungebundenheit:

> „[…] so geht es mir überall und immer. Jeder hat sein Plätzchen auf der Erde ausgesteckt, hat seinen warmen Ofen, seine Tasse Kaffee, seine Frau, sein Glas Wein zu Abend, und ist so recht zufrieden [...]. Mir ist's nirgends recht. Es ist, als wär ich überall eben zu spät gekommen, als hätte die ganze Welt gar nicht auf mich gerechnet." (K 19.13–19 / R 25.19–26)

Philister-Dasein Eichendorffs

Doch anders als dem Taugenichts gelingt es Eichendorff im realen Leben nicht, dem Philister-Dasein zu entkommen. Er muss sich als Beamter dem Alltag anpassen, nicht zuletzt um seine Existenz als Dichter zu ermöglichen. Auch in seiner Brust wohnen – wie in Goethes Faust – zwei Seelen. So bleibt auch das Ende der Novelle doppeldeutig. Zwar haben der Taugenichts und Aurelie ein Schlösschen mit Weinbergen und Garten als Hochzeitsgabe erhalten und sind damit sicherlich der täglichen Geldsorgen enthoben, doch sie bleiben ihrem bürgerlichen Stand verhaftet. Wer könnte diese Situation besser beurteilen als Aurelie, die wesentlich realitätsnäher ist als der Taugenichts? Wenn er „voller Freuden" plant, nach der Hochzeit nach Rom zu reisen, so durchschaut Aurelie den Traumtänzer und scheint am Ende ihre Zukunft sehr viel bürgerlicher – philisterhafter – zu sehen:

Aurelies Realitätssinn

> „Sie lächelte still und sah mich recht vergnügt und freundlich an, und von fern schallte immerfort die Musik herüber, und Leuchtkugeln flogen vom Schloss durch die stille Nacht über die Gärten, und die Donau rauschte dazwischen herauf – und es war alles, alles gut!" (K 91.17–21 / R 108.13–18)

## Portier und Gärtner

Das Äußere des Portiers

Der Portier ist die erste Person im Schloss, die dem Taugenichts begegnet. Er ist ein großer „Herr in Staatskleidern“, der durch ein breites Band von Gold und Seide über der Brust und mit seinem „oben versilberten Stabe in der Hand“ (K 5.30 f. / R 10.6 f.) sowie mit seiner „außerordentlich langen gebognen kurfürstlichen Nase“ besondere Bedeutung signalisiert. Zugleich wird er parodistisch charakterisiert als „breit und prächtig wie ein aufgeblasener Puter“ (K 5.32 f. / R 10.8).

Das Gleichmaß des Lebens

Mürrisch erklärt er dem Taugenichts, obgleich er selbst musiziert, dass er für dessen Geigenspiel „nicht einen Heller“ K (6/8 f. / R 10.22) geben würde. Dabei geht er wie ein Uhrpendel in der Halle des Schlosses auf und ab. Diese Regelmäßigkeit und der Hinweis auf den Gleichlauf der Uhr kennzeichnen ihn schon hier als einen Philister, der dem Gleichmaß des Lebens einen besonderen Wert beimisst und auf Zweckmäßigkeit abzielt. Musik oder Poesie stellen für ihn keinen Wert dar. So kann der Portier auch dem Blumengarten des Taugenichts nicht abgewinnen, sondern empfiehlt den Anbau von Kartoffeln.

Streit über die Jägerei

Jagd als adliges Vergnügen

Obgleich der Taugenichts eine freundschaftliche Beziehung zum Portier entwickelt hat, geraten die beiden in Streit über die Jagd. Als der Taugenichts „die edle Jägerei“ lobt, erwidert der Portier, er habe das selbst mitgemacht, aber man verdiene „sich kaum die Sohlen, die man sich abläuft; und Husten und Schnupfen wird man erst gar nicht los, das kommt von den ewig nassen Füßen“ (K 14.15–17 / R 19.32–35). Er verschweigt hier allerdings, dass er nicht als Jäger, sondern als Treiber bei der Jagd unterwegs gewesen ist, denn die Jagd diente Anfang des 19. Jahrhunderts dem Zeitvertreib und Vergnügen der aristokratischen Gesellschaft und der Großgrundbesitzer. Erst Mitte des 19. Jahrhunderts änderte sich in den einzelnen Ländern das Jagdrecht. Der Taugenichts dagegen zeigt einmal mehr seine besondere Zuneigung zum Adel. So ist er auch begeistert, als er Aurelie im „grünen Jagdhabit“ sieht.

Noch deutlicher vertritt der Gärtner die Ansichten eines Philisters, wenn er den Taugenichts zunächst, ohne ihn zu kennen, als „Gesindel und Bauerlümmel" bezeichnet, um ihm dann darüber aufzuklären, wie er sein Leben zu führen hat: „fein nüchtern und arbeitsam sein, nicht in der Welt herumvagieren, keine brotlosen Künste und unnützes Zeug treiben" (K 6./17–19 / R 10.32–34). Rasch vergisst der Taugenichts allerdings die Lehren des Gärtners und sehnt sich nach einem Leben wie die Adligen, die alle Tage in den Garten kommen. Mit ihnen würde er gerne „ruhig [...] herumspazieren und vernünftig diskurrieren" (K 6.30 / R 11.10 f.), und er träumt davon, "wie [er] [...] die eine junge schöne Dame [...] unterhalten wollte, wenn [er] ein Kavalier wäre und mit ihr herumginge" (K 6.34–7.1 / R 11.15–18).

Die spießerhaften Ratschläge des Gärtners

Neigung des Taugenichts zum Adel

## Flora (alias Guido) und Leonhard

Flora war bei den Römern die Göttin der Jugend und des fröhlichen Lebensgenusses. Sie war ausnehmend schön, jung, fröhlich, ausgelassen und sexuell freizügig. Künstler stellten sie als blumenbekränzte junges Mädchen mit einem von Blumen überquellenden Füllhorn dar – eine Personifikation der Überschwänglichkeit des Frühlings. Flora wurde vor allem in Rom verehrt, ihr zu Ehren gab es Ende April Umzüge, bei denen man sich mit Rosen schmückte, viel Wein trank und lustige kleine Theateraufführungen veranstaltete.

Flora – Göttin der Jugend und des Lebensgenusses

Damit entspricht der Name der jungen Gräfin ihrem Äußeren und ihrem fröhlichen, unbeschwerten Charakter. Ihr hübsches Gesicht und ihre dunkelbraunen Locken werden besonders hervorgehoben. Zugleich legt die Namensgebung ihre freizügige Vorstellung von Liebe nahe. So flieht die Tochter der Gräfin des Wiener Schlosses mit ihrem Geliebten, dem Grafen Leonhard, um der von ihrer Mutter geplanten Heirat zu entgehen. Dabei bieten die Flucht in der verhangenen Kutsche und das gemeinsame Zimmer mehr Nähe, als für eine junge Adlige akzeptabel gewesen wäre.

Auf ihrer Flucht gibt sich die junge Gräfin Flora gegenüber dem Taugenichts als Maler Guido aus. Flora hat sich also nicht nur einen falschen Namen und eine falsche Rolle gesucht, sondern täuscht auch ein anderes Geschlecht vor. Damit trägt sie zu zahlreichen Verwechslungen in der Novelle bei. Ihre Verkleidung erinnert an die Gräfin, die sich für das Maskenfest als Gärtnerin verkleidet hatte und für die Verwirrung des Taugenichts sorgte. Die junge Gräfin greift zwar zur Gitarre und singt dazu, doch spricht sie nur einen einzigen Satz.

Floras Inkognito

Während Flora mit ihren lockigen Haaren, ihrer guten Laune und Sangesfreude positiv auf den Taugenichts wirkt, erlebt er Leonhard eher als unheimlich: „groß, schlank, braun, mit lustigen feurigen Augen" (K 34.7 f. / R 42.12 f.). Gerade die feurigen Augen wirken eher gespensterhaft auf ihn. Später wird er überraschend als „ein junger Mann in feiner Jägerkleidung aus dem Gebüsch" (K 85.31 f. / R 101.29 f.) hervortreten – ein „fröhliche[r] Herr Leonhard" (K 85.32 f. / R 101.31). Dabei hebt die Betonung der Fröhlichkeit die negative Komponente des Jägers, der eher dem Bereich des Teufels zugeordnet wird, auf. Leonhard ist offenkundig deutlich älter als Flora und hat die Entführung aus dem Pensionat geplant, die Postkutschen organisiert und spontan den Fluchtweg verändert. Die Großzügigkeit, mit der Leonhard Aurelie und dem Taugenichts zu einem kleinen Schloss verhilft, stellt er selbst als Dank für die Ablenkung der Verfolger durch Aurelie und den Taugenichts dar.

Das ambivalente Äußere Leonhards

## Die Maler

In Rom wird der Taugenichts schon am ersten Morgen von einem jungen Mann, einem deutschen Maler, angesprochen, zum Frühstück eingeladen und aufgefordert, sich von ihm porträtieren zu lassen. In der Wohnung des jungen Malers findet der Taugenichts eine Unordnung vor, die einer romantisch-stereotypen Vorstellung von ungezwungenem Künstlertum entspricht: „Stiefel[n], Papiere, Kleider, umgeworfene Farbentöpfe" (K 58.32 f. / R 70.30 f.) liegen herum, das Brotmesser ist von Zeichenpapier verdeckt, und sofort ist eine Flasche Wein zum Frühstück zur Hand. Auf der Staffelei steht ein Bild, das Maria mit dem Jesuskind und Hirten dar-

„Romantische Unordnung"

stellt. Einem der Hirtenknaben fehlen noch Kopf und Gesicht, dafür ist das Porträt des Taugenichts gedacht.

Das unvollendete Bild des Hirtenknaben

Beim Herumgehen in dem Zimmer entdeckt der Taugenichts zwei Bilder, die ihm gefallen. Als er die Namen der Künstler, Leonardo da Vinci (1452–1519) und Guido Reni (1575–1642), hört, erklärt er, diese zu kennen, da er mit ihnen zusammen gereist sei. Doch der Maler klärt das Missverständnis auf und berichtet von einer Gräfin, die ihn gesucht habe. Als der Maler ihm auch noch ein Bild der Angebeteten zeigt, ist der Taugenichts überzeugt, dass diese sich in Rom aufhält. Später wird der zweite Maler, Eckbrecht, dem Taugenichts einen langen Vortrag über das Genie halten. Seinen Malerfreund bezeichnet Eckbrecht als Genie, das „für die unsterbliche Ewigkeit" (K 68.26 f. / R 82.15 f.) arbeite und leide, während der Taugenichts doch nur volkstümlich unterhalten wolle.

## Die Studenten

Unschwer sind die Studenten zu erkennen, sie flechten in ihre Gespräche lateinische Sätze (vielfach sind es Allgemeinplätze und wenig tiefsinnig) oder verwenden Fremdwörter. Damit vermögen sie dem Taugenichts zu imponieren, der „einen ordentlichen Respekt vor ihnen" bekommt, „besonders da ihnen das Latein nur so wie Wasser vom Munde floss" (K 75.10 f. / R 89.34 f.).

Allerdings hat das Bild der wandernden Prager Studenten, das Eichendorff hier entwirft, wenig Bezug zur Realität der Entstehungszeit, sondern bietet ein romantisches Bild der alten Zeit. So ist auch Prag für Eichendorff der Inbegriff des Reiches, denn Prag war „unter Kaiser Karl IV. (1347–1378) und unter Kaiser Rudolf II. (1576–1611) […] die Hauptstadt des ‚Heiligen Römischen Reiches Deutscher Nation'" (Günther Schiwy, *Eichendorff. Eine Biographie*, München: C. H. Beck 2000, S. 42) und „diesem Reich, das nun in Agonie liegt, trauert man nach" (ebd.).

Eichendorff macht aus den Studenten eher angehende mittelalterliche Kleriker und Gelehrte. Schon der Hut des Waldhornisten, ein alter Dreistutzer, kennzeichnet

Ironische Darstellung der Studenten

ihn als nicht zeitgemäß. Ironisch vermittelt der Waldhornist, wie er und seine Studiengenossen sich mit wenig Geld durchs Leben schlagen. Sie beruhigen sich damit, dass man sich „mit vielem Frühstücken [...] nicht die Zeit verderben [solle]“(K 75.17 f. / R 90.6 f.); sie machen sich – wohl nur scheinbar – lustig über die anderen Studenten, die beim Schlag der Mittagsglocke ausschwärmen, um zu ihrem Mittagstisch zu kommen, während sie um Essen betteln müssen. Nach außen hin scheinen die wandernden Studenten glücklich zu sein, wenn sie zu Beginn der vorlesungsfreien Zeit mit ihren „Instrumenten unterm Mantel durch die Gassen zum Tor“ (K 75.29 f. / R 90.20 f.) hinausziehen, die ganze Welt ihnen offen steht und sie überall, wohin sie mit ihren Instrumenten kommen, begeistert und froh aufgenommen werden. Doch die dritte Strophe des Liedes, das die Studenten singen, zeugt von einem deutlich anderen Gemütszustand. Kälte und Nässe lassen sie sehnsüchtig nach den Menschen schauen, die warm hinter dem Ofen sitzen. Dennoch verkörpern die Studenten für Eichendorff die wahre Ausdrucksmöglichkeit des Volksliedes.

Die Wirklichkeit des Wanderlebens im Lied

Politische Situation um 1820

Die studentische Realität der Entstehungszeit dagegen zeigt sich in einer starken Politisierung der Studenten nach der Rückkehr aus den Befreiungskriegen: Sie ist gekennzeichnet durch die Bücherverbrennung konservativer Schriften beim Wartburgfest 1817, die Ermordung des konservativen Dichters Kotzebues durch den Studenten Ludwig Sand, der sich für die Ideen der Französischen Revolution einsetzte, durch die in der Folge gefassten „Karlsbader Beschlüsse“ vom 20. September 1819, die das Verbot der Burschenschaften sowie die Überwachung der Professoren und Universitäten nach sich zogen und insgesamt die freiheitlichen Bestrebungen vieler Bürger einschränkten. Bei der idealisierenden Darstellung der Studenten sollte man bedenken, dass Eichendorff dem politischen Ansinnen der revolutionär gesinnten Studenten ablehnend gegenüberstand und keinen Widerstand gegen den Aufbau eines restaurativen, ständisch orientierten Staates leistete.

# Erzähltechnik

## Struktur der Handlung

| | Grundstruktur und Spannungsaufbau |
|---|---|
| ➟ Linearer Handlungsverlauf<br>➟ Eingestreute Episoden<br>➟ Verknüpfung von jeweils zwei Kapiteln<br>➟ Lieder als Rahmen<br>➟ Kreisstruktur der Erzählung | |

Linearer Handlungsverlauf mit eingestreuten Episoden

Eichendorffs Novelle ist linear-progressiv aufgebaut, das heißt, der Taugenichts bewegt sich sozusagen vorwärts wie auf einem Zeitstrahl. Auch wenn ein Ich-Erzähler seine Geschichte vom Ende her erzählt, erscheint er unwissend, als kenne er den Schluss, die Verwechslungen und die Auflösung der rätselhaften Ereignisse nicht. In diesem linearen Handlungsverlauf kommen jedoch immer wieder aneinandergereihte Episoden vor, die lose mit dem Geschehen verknüpft sind (etwa die Arbeit im Schloss als Gärtner und Zolleinnehmer, die Begegnung mit dem verführerischen Mädchen, das ihn zum Bleiben auffordert, die Übernachtungen im Schloss im Gebirge und die Begegnung mit dem Studenten). Diese Episoden sind zumeist rätselhaft und dienen einem kontinuierlichen Spannungsaufbau in den einzelnen Kapiteln.

Märchenhafte Phantastik – keine Wiedergabe der Wirklichkeit

Im Verlauf der Erzählung wird immer deutlicher, dass die Erlebnisse des Taugenichts keine Wiedergabe der Wirklichkeit sind, sondern einer märchenhaften Phantastik gehorchen und eher dem Prinzip eines Abenteuerromans (vgl. S. 98) entsprechen.

Aufbau der einzelnen Kapitel

Die Novelle zeigt einen klaren Aufbau in zehn Kapitel. Dabei weisen die einzelnen Kapitel eine deutliche Gliederung in Anfang, Höhepunkt und Schluss auf: So verlässt der Taugenichts beispielsweise im ersten Kapitel überstürzt die heimische Mühle, begibt sich ziellos in die Ferne und wird unvermittelt von zwei vornehmen Damen in einer Kutsche nach Wien in ein Schloss mitgenommen. Den Höhepunkt dieses Kapitels stellt die Kahnfahrt dar, bei der der Taugenichts eine adlige Gesellschaft über den Teich im Park rudert und sein Lied von der „vielschönen Frau" als Liebesbotschaft an die von ihm verehrte Dame singt, von der er annimmt, dass sie zum Adel gehört. Das Kapitel endet mit der schmerzvollen Erkenntnis des Taugenichts, dass er von den jungen Herren verspottet wird und von seiner schönen Frau unbeachtet bleibt. Mit dem Gedanken, dass sie „so schön ist und [er] so arm" (K 11.33 / R 17.1) ist, wirft er sich niedergeschlagen ins Gras und weint „bitterlich". Fast jedes Kapitel beginnt mit einem überhasteten Aufbruch ins Ungewisse.

Binnenstruktur: Verknüpfung von jeweils zwei Kapiteln

Betrachtet man die Binnenstruktur genauer, so lässt sich feststellen, das jeweils zwei Kapitel miteinander verknüpft sind: Die beiden ersten Kapitel schildern den Aufbruch des Taugenichts von der väterlichen Mühle, die überraschende Kutschfahrt mit den beiden schönen Frauen und den Aufenthalt im Schloss bei Wien – dieser Aufenthalt verknüpft die beiden Kapitel. Beide werden durch Konflikte beendet, die der Taugenichts nicht lösen kann. Im ersten Kapitel versinkt der Taugenichts in Scham und Schmerz, weil er erkennt, dass er eigentlich in der Welt des Adels fehl am Platz ist. Folgerichtig nimmt er im zweiten Kapitel sein Instrument und verlässt das Schloss, denn er glaubt, dass seine Geliebte schon längst verheiratet ist und keinen Gedanken an ihn verschwendet.

Kapitel 1 und 2

Das dritte Kapitel beginnt wie das erste mit einem spontanen Aufbruch, jetzt allerdings hat der Taugenichts ein Ziel: Italien. Aber er verbindet damit nur wenig mehr als Pomeranzen (Bitterorangen). Den überraschenden Wendepunkt bildet das Zusammentreffen mit den vermeintlichen Malern, die er zunächst für Räuber hält und sich vor ihnen auf einen Baum flüchtet. Aber erneut hat er das Glück, dass ihn diese beiden Unbekannten auflesen und auf ihrem Weg nach Italien mitnehmen. Das dritte und vierte Kapitel werden durch die Wanderung und die Fahrt nach Rom verknüpft. Das vierte Kapitel endet überraschend mit einer Komplikation: Plötzlich findet sich der Taugenichts allein, seine Begleiter sind ver-

Kapitel 3 und 4

schwunden. Doch ohne dass er dieser Störung weiter nachgehen muss, ergibt sich eine Lösung, denn eine Kutsche steht zur Weiterfahrt bereit.

Im fünften Kapitel reist der Taugenichts wieder ohne weiteres Kopfzerbrechen ins Ungewisse. Tag und Nacht fährt er mit vorbestellten Kutschen, ohne Überlegungen anzustellen, wer diese Vorbestellungen arrangiert haben könnte. Er hat nicht einmal Zeit nachzudenken, wo er eigentlich ist, und lässt sich bedingungslos treiben, bis er ein Schloss im Gebirge erreicht. Dort überraschen ihn vielfältige verwirrende Ereignisse: Schon der Empfang durch die „alte, sehr hässliche Frau“ (K 43.22 f. / R 53.2) verunsichert ihn; das Verhalten der Dienstboten, die ihn ja für eine Frau halten, kommt ihm merkwürdig vor, dennoch sucht er keinerlei Erklärung für die Verwirrungen, sondern speist „delikat“, lässt sich schließlich „in das prächtige Bett“ fallen und schläft „voller Vergnügen“ (K 45.22 / R 55.10) ein.

Kapitel 5 und 6

Das fünfte und sechste Kapitel sind eng miteinander verzahnt und weichen von der vorhergehenden Aufbruch- und Ankunft-Gliederung ab: Erstmals gibt es im Kapitelübergang eine kurze Ruhephase und keinen hektischen Aufbruch. Allerdings ist der Taugenichts überrascht, dass die Tür zum Nebenzimmer, in dem eine junge Bedienstete schläft, geöffnet ist. Sein Spaziergang im Garten konfrontiert ihn mit einer weiteren unerklärlichen Situation: Ein junger Mann benimmt sich bei ihrem Zusammentreffen überaus verwunderlich. Höhepunkt dieses Kapitels ist der Mordanschlag, den sich der Taugenichts aufgrund einer falschen Deutung der Vorgänge in seiner Phantasie ausmalt und deshalb aus dem Schloss flüchtet. Auf seiner Flucht begegnet er erneut dem jungen Mann, der ihm zunächst bei der Flucht hilft, sich dann aber wie geistesgestört vor ihm auf die Knie fallen lässt. Gleichzeitig fühlt der Taugenichts sich von den Schlossbewohnern weiter verfolgt und rettet sich auf einen Baum.

Auch das siebente Kapitel beginnt mit einem Aufbruch ins Ungewisse. Nun ist Rom das Ziel. Kurz vor seiner Ankunft überquert der Taugenichts nachts einen verwunschenen Ort, an dem „Frau Venus begraben" (K 55.10 / R 66.22 f.) liegen soll. Dies kurze Zwischenspiel lässt das Thema Verführung und Liebe anklingen, das in den beiden Romkapiteln stärker in den Vordergrund tritt. Zudem begegnen dem Taugenichts im siebenten und achten Kapitel neue Personen: die Maler. Das Kapitel endet mit einem übereilten Aufbruch, denn der Taugenichts glaubt aufgrund von Andeutungen, seine schöne Gräfin in Rom treffen zu können.

Kapitel 7 und 8

Zwischenspiel

Ein längeres Zwischenspiel weitet das Kapitel aus: Der Maler führt den Taugenichts in einen Garten, in dem ein lebendes Bild, die Nachahmung eines Gemäldes mit lebenden Personen, aufgeführt wird. Heimlich gesellt sich die „schnippische Kammerjungfer vom Schloss" hinzu und verspricht dem Taugenichts ein Treffen mit einer Frau. Natürlich glaubt der Taugenichts, seiner geliebten schönen Frau zu begegnen. Dieses Zwischenspiel verrätselt die Handlung weiter und baut zugleich Spannung auf, denn der Leser ahnt, dass die geliebte Frau sich nicht in Rom aufhält. Eine idyllische Gartenszene und ein Vortrag über das Wesen des Genies verzögern die Auflösung und damit den Höhepunkt des Kapitels. Tollpatschig durchkreuzt der Taugenichts das Treffen mit der unbekannten Frau. Durch seine Fehlinterpretation der Vorgänge macht er sich, das Kammermädchen und die Unbekannte lächerlich. Erneut bricht er auf, um „dem falschen Italien mit seinen verrückten Malern, Pomeranzen und Kammerjungfern auf ewig den Rücken zu kehren" (K 72.13–15 / R 86.25–27).

Lieder als Rahmen des neunten Kapitels

Den Stimmungsumschwung des Taugenichts nach dem unerfreulichen und peinlichen Romerlebnis vermittelt Eichendorff durch ein Lied zu Beginn des neunten Kapitels, das der Protagonist singt, als er von einem hohen Berg aus die Donau und den Stephansdom erblickt. Mit dem Lied begrüßt er die Berge, die „Wacht" gehalten und den Fremden, der sich „durch die Heid'" (K 72.19 / R 86.4) nähert, zunächst misstrauisch beobachtet haben: Sein Begrüßungsruf „Vivat Österreich" aber lässt „die ganze Rund'" erkennen, dass er heimgekehrt ist. Plötzlich erklingt ein zweiter musikalischer Gruß: Eine Gruppe Prager Studenten mit Musikinstrumenten gesellt sich zum Taugenichts. Im Gespräch stellt sich überraschend heraus, dass einer der Studenten den Portier im Schloss bei Wien kennt. Gemeinsam beschließt man zum Schloss zu fahren.

Mit einem freudigen Begrüßungslied hatte das Kapitel begonnen, nun schließt es mit einem Lied, das zunächst den lebensfrohen Aufbruch der Prager Studenten in den Süden schildert, dann aber die enttäuschte Rückkehr in Nässe und Kälte mit zerrissenen Schuhen und regennassen Mänteln beschreibt. Die letzten vier Verse sind von Bitterkeit gezeichnet. Glücklich sind diejenigen, die am Ofen sitzen und in Frieden leben. Im Gegensatz zu der Enttäuschung der Protagonisten des Liedes nähert sich die kleine Gesellschaft unter dem frohen Jauchzen des Taugenichts dem Schloss und dem Zollhäuschen.

Ambivalenz des studentischen Lebens

Das letzte Kapitel schließt unmittelbar am vorhergehenden an und schildert die Ankunft der Reisegesellschaft und den Weg zum Schloss. Damit schließt sich der Kreis der Erzählung. Im Zollhäuschen ist wieder ein Philister eingezogen und hat Kartoffeln angepflanzt, die Goldammer singt, und am Schwanenteich sitzt die schöne gnädige Frau. Nun klären sich im Gespräch die Missverständnisse, Verwechslungen und Irrtümer. Und wie in einem Märchen endet die Novelle mit dem Ausruf „[U]nd es war alles, alles gut!“ Ihr kreisförmiger Aufbau öffnet sich allerdings wieder mit dem spontanen Plan des Taugenichts, erneut nach Italien zu reisen: „Und gleich nach der Trauung reisen wir fort nach Italien, nach Rom“ (K 91.14 f. / R 108.10–12).

Kreisstruktur der Erzählung

## Die Lieder

- Antithetische Struktur der Lieder
- Das Lied der Studenten
- Exkurs: Minnesang
- Lyrisches Ich und die Stimmung des Taugenichts

Nachgeformte Volksdichtung

Mittelalter als „Kindheit der Nation" – Volksdichtung als Kern nationaler Poesie

Die Romantiker zeigten großes Interesse an volkstümlichen Stoffen, die sich in vorwiegend mündlich überlieferten Märchen-, Sagen- und Volksliedsammlungen niederschlugen. Es waren vor allem die einfachen Formen, die gesammelt und nachgeahmt wurden. Dabei spielten die Mythologie und das Mittelalter eine herausragende Rolle. Neben den inhaltlichen Merkmalen waren es aber auch die formalen Aspekte, die die Idee der Literatur aus der „Kindheit der Nation" (Wolfgang Menzel, *Die deutsche Literatur,* Bd. 2, Stuttgart: Franckh 1828, S. 99) prägten. Im Gegensatz zur überfeinerten Kunstdichtung galt die Volksdichtung – nicht nur für Eichendorff – als Kern nationaler Poesie. In der Volksdichtung kehre die Dichtkunst zur Urquelle der nationalen Eigenheiten zurück. Hier hätten Leben und Poesie einen unmittelbaren Bezug zueinander und bildeten den Gegensatz zur Klassik und ihrer Poetik. Folgerichtig zeichne sich die Volkspoesie durch einfache, ungekünstelte Sprache, wenig ausgearbeitete, eher typisierte Personendarstellung und weitgehenden Verzicht auf scharfsinnige Reflexion aus. Tatsächlich bildet Eichendorffs scheinbar so einfache Novelle *Aus dem Leben eines Taugenichts* mit den eingestreuten Liedern die formalen und inhaltlichen Eigenheiten der Volkspoesie nach.

Diese Lieder arbeiten bewusst mit einfachen Sätzen und Wörtern sowie einem recht begrenzten Vokabular. Die Wörter sind häufig aneinandergereiht (Aufzählungen mit oder ohne Konjunktionen; Vielverbundenheit [Polysyndeton]; Unverbundenheit [Asyndeton]): „Dem will er seine Wunder weisen / In Fels und Wald und Strom und Feld" (K 4.1 f. / R 8.5 f.); „Den lieben Gott lass ich nur walten; / Der Bächlein, Lerchen, Wald und Feld / Und Erd' und Himmel will erhalten" (K 4.11–13 / R 8.15–17). Auf diese Weise entsteht eine scheinbar einfache Welt, denn die Komplexität des Daseins wird aufgelöst in Beobachtungen, die sich additiv reihen und keine komplizierten räumlichen, zeitlichen oder kausalen Verknüpfungen verlangen. Dies entspricht dem Bild der Romantik von Volkstümlichkeit, die sich im (scheinbar) Ungekünstelten zeigt.

Auch in den Liedern lässt sich unterschwellig das ambivalente Lebensgefühl des Taugenichts zwischen Sehnsucht und Wunsch nach Heimat erkennen: Scheinbar ist er glücklich, allein die Welt genießen zu können, doch das Lied, das er von wandernden Handwerksburschen gelernt hat, wirft einen überraschenden Blick auf seine wirkliche Sehnsucht: „Wer in die Fremde will wandern, / Der muss mit der Liebsten gehn, / Es jubeln und lassen die andern / Den Fremden alleine stehn." (K 49.6–9 / R 59.17–20)

Spiegelung des ambivalenten Lebensgefühls des Taugenichts

Die antithetische Struktur einiger Lieder deutet den Gegensatz von Schein und Sein an: Der Auszug der Studenten etwa, die ihre Hüte lustig schwenken, wird schon in derselben Strophe – allerdings verschleiert durch die lateinischen Verse – eingeschränkt, denn derjenige „habe guten Frieden, der hinterm Ofen sitzt" (K 81.33 [Übers. in der Fußnote] / R 97.14). Diese Feststellung wiederholt sich am Schluss (vgl. K 82.21–24 / R 98.2–5). Zwar scheint diese Ansicht in keiner Weise der Lebensauffassung des Taugenichts zu entsprechen, sondern spiegelt zunächst die armselige Wirklichkeit der wandernden Studenten wider, doch das glückliche Liebespaar am Schluss und der letzte Satz „[U]nd es war alles, alles gut!" deuten auf eine neue Einstellung des Taugenichts zu Haus und Herd, auch wenn er seiner zukünftigen Frau spontan eine Art Hochzeitsreise nach Italien verspricht.

Antithetische Struktur

Eichendorff selbst hat durch die Wahl des ursprünglichen Titels *Der neue Troubadour* eine Spur gelegt zur Deutung seiner Novelle und vor allem zur Einordnung des Liedes, das der Taugenichts seiner geliebten schönen Frau singt: zum Minnesang.

**Exkurs: Minnesang**

Als Minnesang wird die mittelhochdeutsche Liebeslyrik des 12.–14. Jahrhunderts bezeichnet, die sich schon um 1100 im Süden des heutigen Frankreichs als neue Kunstform entwickelt hatte und dort von Troubadouren vorgetragen wurde. Die Sänger waren zugleich Komponisten und Dichter. Der Begriff „minne" umfasste nicht nur die Liebe zu einer Frau, sondern beispielsweise auch die

Minnesang als Liebeslyrik des 12.–14. Jahrhunderts

Unerfüllbarkeit der Liebe

Liebe im religiösen Sinne und die Nächstenliebe. Die Minne galt nicht der Erfüllung einer körperlichen Hingabe; im Gegenteil stand die Unerreichbarkeit einer adligen ‚hohen vrouwe' im Mittelpunkt des gesungenen Vortrags. Auf die mittelhochdeutsche Form „vrouwe" nimmt das Wort „Fraue" in Z. 4 des Liedes bei der Kahnfahrt (vgl. K 11.6 7 R 16.4) Bezug. Die Unerfüllbarkeit der Liebe und die Schmerzen des Liebenden, die Verehrung der Frau, die Bekundung von Treue und Dienstbereitschaft des Sängers und die Unerreichbarkeit der verheirateten Frau waren wesentliche Bestandteile der Minnelyrik. Die Verehrung der vermeintlich verheirateten schönen Gräfin durch den Taugenichts weist auf die Grundidee des Minnesangs. Die Gräfin scheint dem Verehrer unerreichbar, dennoch hofft er immer wieder, sie zu treffen und sehnt sich auch in der Ferne nach ihr. Sein Sehnen ist jedoch eine Liebe ohne Körperlichkeit. Gleichzeitig ist die Liebe des Taugenichts stets auch auf die Natur als Geschenk Gottes gerichtet. So bindet er die Blumen im Garten mit Grüßen an die schöne gnädige Frau zusammen. Doch dann überkommt ihn in der dritten und vierten Strophe des Liedes Verzweiflung, und das lyrische Ich, dessen Resignation mit den Gefühlen des Taugenichts in diesem Moment übereinstimmt, da er den Spott der höfischen Gesellschaft spürt, klagt, dass es seiner Angebeteten aufgrund ihres hohen Standes nicht einmal einen Kranz überreichen kann. Nur scheinbar, so betont das lyrische Ich, sei es froh, das Herz jedoch „zerspringe", und das Grab warte schon.

Sehnsucht als Liebe ohne Körperlichkeit

Lyrisches Ich und die Stimmung des Taugenichts

Allerdings ändert Eichendorff die ursprüngliche Idee des „neuen Troubadours" im Laufe der Entstehung der Erzählung, so dass das „Minne"-Motiv stärker in den Hintergrund tritt. Dem Taugenichts fehlt zudem die grundlegende Tugendlehre des Mittelalters. Auch die angebetete Frau ist in Wirklichkeit keine verheiratete Adlige. Weiterhin sind die Lieder eher volkstümlich und keineswegs so kunstfertig wie im Minnesang. So ist der Taugenichts eher ein Wanderer, der sich mit seinem Gesang und seiner Geige Wohlwollen erspielt und dessen Gottergebenheit immer wieder belohnt wird.

# Erzählperspektive

| | Ich-Erzählung |
|---|---|
| ➟ Erzählender und erlebender Erzähler<br>➟ Eingeschränkte Perspektive des Lesers<br>➟ Identifikationsmöglichkeit mit dem Ich-Erzähler | |

Erzählender und erlebender Ich-Erzähler

*Aus dem Leben eines Taugenichts* ist eine typische „Ich-Erzählung", in der der Leser auf den Blickwinkel (die Perspektive) des Erzählers beschränkt bleibt. Obgleich der Taugenichts rückblickend erzählt, ist er als erlebender Erzähler so mit dem Erzählten verhaftet, als kenne er das Ende und die Aufklärung der geheimnisvollen Episoden nicht. Bis zum Schluss bleibt er der naive, unreflektierte Erlebende. Er ist die handelnde, erlebende und aus der Rückschau erzählende Hauptperson, die dem Leser einerseits einen sehr vertrauten Bezug ermöglicht, andererseits aber dessen Blick auf die Außenwelt stark einschränkt. Zudem behindern die Naivität und die subjektive Perspektive des rückblickenden Erzählers den Leser beim Enträtseln von Ereignissen. Damit ist er sehr unmittelbar und eng mit dem Erzähler verbunden, fühlt, sieht und urteilt wie er. Wie der Erzähler kann auch der Leser grundsätzlich nur vermuten, was andere Personen der Erzählung denken und fühlen. So kommt es, dass der Leser die verschlungenen Wege der Handlung und die rätselhaften Begegnungen ebenso wenig durchschaut wie der Taugenichts.

Eingeschränkte Perspektive des Lesers

Die subjektive Darstellung des Ich-Erzählers erweitert sich jedoch immer wieder durch die wörtliche Rede. Stellenweise wird dabei der Autor in ironischem Ton erkennbar, wenn er etwa den Taugenichts über sich sagen lässt: „Der Bräutigam ist ein moralischer, schlanker, hoffnungsvoller Jüngling, der in Italien in einem alten Schlosse auf großem Fuß gelebt hat" (K 80.26–28 / R 95.35–96.1).

Identifikation mit der Hauptfigur

Gleichzeitig bietet die Ich-Erzählung dem Leser eine intensive Möglichkeit der Identifikation. Er erlebt die naive Wirklichkeit des Taugenichts, taucht mit ihm in dessen freie Welt und betrachtet sie aus seiner Sicht. Im Idealfall wird der mitempfindende Leser in die romantische Weltanschauung der Hauptperson hineingezogen.

# Erzählhaltung – Darbietungsweise

| Der naive Erzähler | → Naive Einstellung des Erzählers<br>→ Romantische Ironie und komische Elemente<br>→ Missverständnisse<br>→ Ambivalenzen |
|---|---|

Die naive Erzählhaltung

Die Erzählhaltung ist geprägt von der naiven Einstellung des Taugenichts zu seiner Umgebung, zu den handelnden Personen und zum Verlauf der Geschehnisse. Zwar erzählt er seine Erlebnisse rückblickend vom Auszug aus der Mühle bis hin zur Rückkehr nach Wien, doch vermag er keinerlei weiterführende Schlüsse aus den vergangenen Ereignissen zu ziehen, er bleibt auf der Stufe des kindlichen Beobachters wie zu Beginn der Erzählung. Zeit, Raum und Handlung verschwimmen für ihn. Manches hat er rasch vergessen, anderes kann er nicht einordnen, viele Ereignisse versteht er nicht. Trotz der außergewöhnlichen Begebenheiten gibt es keine Entwicklung des Protagonisten. So wird es auch dem Leser erschwert, Geschehnisse und Personen zu verstehen. Darüber hinaus verzichtet der Ich-Erzähler auf präzise Zeitangaben, so dass auch der Leser im Ungewissen bleibt. Die Tageszeiten (vgl. S. 84 f.) spielen dagegen eine besondere Rolle. Doch sind auch sie nicht als exakte Zeitbestimmungen gedacht, sondern haben eher symbolische Bedeutung.

## Komik und Ironie

Eichendorff hat seine Erzählung mit Personen, Handlungselementen und Episoden angereichert, die komisch wirken und den Autor hinter den erzählten Begebenheiten spürbar werden lassen. Er lässt damit eine gewisse Distanz zur Handlung und zur Hauptperson erkennen. Zugleich gibt er der Erzählung eine heitere Unbeschwertheit, die zur Grundhaltung des Taugenichts passt und die Leichtigkeit der Erzählung unterstreicht. Die komischen Einschübe können als Methode der ironischen Brechung gesehen werden, die ein wichtiges

Romantische Ironie

Element der Romantik darstellt. Die romantische Ironie hat besondere Bedeutung im Hinblick auf die Freiheit des Erzählers. Mit ihr kann er sich von seiner Erzählung distanzieren und Illusionen zerstören. So ist es beispielsweise

> „gar nicht wichtig, was in dem „Schloß" geschieht, allein der Blick des Taugenichts macht die Vorgänge verwunderlich und absonderlich […]. So entsteht ein vergnügliches Stück Satire über die Lebensformen einer hochfeinen Gesellschaftsschicht von Adligen, Schranzen und Bediensteten, die sich […] eigentlich auch in deutschen Landen überlebt hatte." (Ansgar Hillach, „Aufbruch als novellistisches Ereignis. Joseph von Eichendorff: *Aus dem Leben eines Taugenichts*", in: Winfried Freund [Hrsg.], *Deutsche Novellen*, München: Fink 1993, S. 78)

Satirische und groteske Elemente

Die Begegnung mit dem „bucklichten" Männlein, das „einen großen grauslichen Kopf mit einer langen römischen Adlernase und sparsamen roten Backenbart" (K 37.24–26 / R 46.16–18) hat, wirkt vor allem durch das Kauderwelsch, mit dem der Spion den Taugenichts aushorchen will, komisch und grotesk.

Komische Missverständnisse

Bei der Ankunft im Schloss im Gebirge halten die Schlossbewohner und der junge Student den Taugenichts für die – als Mann verkleidete – Gräfin Flora. Hieraus entwickeln sich die komischen Missverständnisse des Personals, die einander zunicken, „als wenn sie in ihrem Leben noch kein Mannsbild gesehen hätten" (K 44.8 f. / R 53.25 f.). Da man Flora im Schloss Schutz gewähren will, sucht jeder den Taugenichts von einer Weiterfahrt abzuhalten. Damit werden auch das scheinbare Mordkomplott und die groteske Verfolgungsjagd des jungen Studenten verständlich.

Eine lautstarke Auseinandersetzung des Taugenichts mit einem Papagei, der ihn auf Italienisch als „Strolch" beschimpft, so dass „beide in Hitze" (K 62.26 / R 75.15 f.) geraten, gehört zu den heiteren Episoden der Erzählung, ebenso wie die heftige Unterbrechung der Vorführung des lebenden Bildes, das dem Hummel-Gemälde (vgl. S. 23) nachgestellt ist. Während die Sängerin „mit zum Himmel gerichteten Augen" so angestrengt singt, dass „ihr die Flechsen [Sehnen] am Halse aufschwollen" (K 63.16 / R 76.9), stürzt ein junges Paar „mit großem Gezänk" in den Garten und ruft Unmut hervor. Dieser

Ärger äußert sich in dem absurden Hinweis auf den Ursprung des „sinnreiche[n] Tableau[s]“ und dessen schöner Beschreibung, „welche der selige Hoffmann [gemeint ist E. T. A Hoffmann], Seite 347 des Frauentaschenbuchs für 1816“ (K 63.29–31 / R 76.24–26) gegeben hat.

Clowneske Auftritte

Schließlich endet die Verabredung mit der vermeintlichen schönen Gräfin – wie auch an anderen Stellen – in einem clownesken Auftritt, bei dem der Taugenichs über eine Pflanze stürzt, „der Länge nach vor der Haustür“ (K 70.26 / R 84.27) hinschlägt, im Zimmer eine „große korpulente, mächtige Dame“ antrifft, der er „zuletzt gar die Hand küssen“ (K 71.9 f. / R 85.13) will.

## Ambivalenz

Nebeneinander von Gegensätzen

Eichendorffs Erzählung zeigt in dem Nebeneinander von Gegensätzen die Komplexität der nicht eindeutig erkennbaren Welt. Natur, Personen, vor allem aber die Gefühle des Taugenichts zeichnen sich durch Ambivalenz aus. Das erwachende Interesse an psychologischen Fragestellungen, das bei vielen Romantikern zu finden ist, eröffnet ein neues Spektrum der Darstellung.

Christliches und heidnisches Rom

So ist beispielsweise Rom nicht nur Zentrum des katholischen Glaubens, also die heilige christliche Stadt, sondern auch Ort der Verehrung der Venus als Göttin der sinnlichen Lust, der Liebe und des erotischen Verlangens. Schon vor den Toren Roms hatte sich für den Taugenichts die Gefahr erotischer Verlockungen und einer möglicher Verführung durch den Hinweis auf das Grab der „Frau Venus“ (K 55.10 / R 66.22 f.) angedeutet.

Hatte der Taugenichts zu Beginn der Erzählung noch gesungen „Wem Gott will rechte Gunst erweisen, / Den schickt er in die weite Welt“, so singt er, als er hoch in einem Baum sitzt und in das tiefe Tal vor dem Schloss im Gebirge schaut: „Wer in die Fremde will wandern, / Der muss mit der Liebsten gehn, / Es jubeln und lassen die andern / Den Fremden alleine stehn.“ (K 49.6 ff. / R 59.17 ff.) Damit spricht er sein Einsamkeitsgefühl an, das ihn immer wieder überfällt, obgleich er betont, frohgemut und glücklich zu sein. Besonders deutlich wird die Ambivalenz der Gefühle bei der Darstellung der Nacht.

## Zeitstruktur

- Die Nacht und die Nachtseite des Menschen
- Gegensatz von Aufklärung und Romantik
- Das Unheimliche
- Parodie auf die „schwarze Romantik"
- Mondnacht und positive Gefühle
- Der Morgen: Das christliche Ursymbol
- Die Mittagszeit: Gewitter und Schwüle

Symbolhaftigkeit der erzählten Zeit

Gesichtspunkte zur Untersuchung der erzählten Zeit

Grundsätzlich kann man die Zeitstruktur in einer Erzählung unter drei Gesichtspunkten untersuchen:

1. Wie folgen die Ereignisse der Erzählung aufeinander?
2. Wie wird der Zeitraum zwischen Anfang und Ende überbrückt (Erzähltempo, z. B. Raffung oder Dehnung)?
3. Welche Funktion kommt der Zeit innerhalb der Erzählung zu (Jahreszeiten- oder Tageszeitenmetaphorik)?

Raffungen und Sprünge

Eichendorffs Novelle ist chronologisch aufgebaut, doch Sprünge und Raffungen treiben das Geschehen voran, so dass die Erzählung in einzelne Episoden zerfällt. Überdies legt der Autor bzw. Ich-Erzähler wenig Wert auf präzise Zeitangaben; der Leser weiß nicht, in welchem Jahr und Monat die Handlung spielt. Manchmal sind die Angaben sogar paradox, wenn etwa zu Beginn der Erzählung der tröpfelnde Schnee erwähnt wird, wenige Augenblick später jedoch eine Goldammer die schöne Frühjahrszeit besingt. Kurz darauf steigen „unzählige Lerchen" in den Himmel, und Kornfelder bewegen sich im Wind. Damit wird deutlich, dass Eichendorff keinerlei Interesse hat, realistisch zu schreiben.

Gegensatz Aufklärung und Romantik

Verstand sich das Zeitalter der Aufklärung als Epoche des Lichts, das das Dunkel dumpfer Vorurteile und Ängs-

Nachtseite des Menschen

te sowie den Glauben an Teufel, Hölle und Fegefeuer durch Rationalität beendete, so schlagen die Romantiker eine konträre Richtung ein. Sie suchen die dunklen Welten des Unbewusstseins, die nächtlichen Träume und den Schlafwandel zu erfassen und dichterisch zu verarbeiten. Damit spüren sie den Geheimnissen der Nachtseite der menschlichen Seele nach. Die Nacht wird auch in symbolischer Hinsicht zu einem faszinierenden Gegenstand der romantischen Dichtung.

Tag – äußere Sinne

Novalis begriff die Nacht als Befreiung von der Fessel des Lichts. Und die romantisch geprägte Naturphilosophie betrachtete die Welt des Tages als eine Welt, die vor allem den äußeren Sinnen zuzuordnen ist. Die nächtliche Welt dagegen erschien als eine Zeit, in der der Mensch seine eigene innere Sphäre entfaltet, die seine wahre Wirklichkeit widerspiegelt. Damit haben die Künstler der Romantik das Unter- und Unbewusste für sich entdeckt und Ängste erfasst, die sich durch Einbildungen und Phantasien ergeben. Sie erkennen deshalb seelische Zustände, die sich unter der Oberfläche des Täglichen entfalten.

Nacht – innere seelische Kräfte

Die Nacht verwandelt die tägliche Welt. Was bei Tag realistisch und konkret erfasst werden kann, wird in dem ‚verzaubernden' Licht des Mondes zum Geheimnis. Das sinnliche Erfassen der nächtlichen Veränderungen ist dabei aber nur der oberflächliche Prozess, der weiterführt zur Entdeckung der inneren seelischen Kräfte, die das Dunkel hervorruft. Das Alltägliche wird damit zur verfremdeten und verzerrten Wirklichkeit und weckt widersprüchliche Gefühle.

Als der Taugenichts allein vor dem Gasthaus sitzt, begeistert ihn zunächst die mondbeschienene Umgebung, dann aber überkommen ihn Heimweh und Trauer:

> „Der Mond schien prächtig […]. Ich betrachtete das Firmament, wie da einzelne Wolken langsam durch den Mondschein zogen […]. So, dachte ich, scheint der Mond auch über meines Vaters Mühle und auf das gräfliche Schloss. […] Da kam mir die Welt auf einmal so entsetzlich weit und groß vor, und ich so ganz allein darin, dass ich aus Herzensgrunde hätte weinen mögen." (K 30.21–33 / R 38.10–24)

Beängstigende Nachtbilder

Immer wieder überfallen den Taugenichts in der Nacht beängstigende Bilder, so etwa als die Kutsche durch das Gebirge zum Schloss fährt:

> „Endlich kam der Mond hinter den Wolken hervor, und schien auf einmal so hell zwischen die Bäume und Felsen herein, dass es ordentlich grauslich anzusehen war. […] und das ewige Gerassel des Wagens schallte an den Steinwänden weit in die stille Nacht, als führen wir in ein großes Grabgewölbe hinein." (K 42.3–9 / R 51.10–16)

Das Unheimliche

Eichendorff nutzt auch die typischen Elemente, die das Genre des Schauerromans ausmachen (etwa alte Schlösser, unheimliche Personen, Verbrecher und schauerliche Stimmung) in seiner Erzählung, vor allem das Unheimliche der nächtlichen Dunkelheit: So erkennt der Taugenichts erst spät, dass der Kutscher offensichtlich kein Postillion ist. Unvermutet kreuzt dann im hellen Mondschein der Bucklige mit seinem Schimmel den Weg, ein Käuzchen ruft: „Komm mit, komm mit!", befremdend wirken die „verräucherten Hütten, […] die wie Schwalbennester auf dem Felsen hingen" (K 42.29 f. / R 52.2 f.). In den hell erleuchteten Stuben sieht der Taugenichts „allerlei lumpiges Gesindel" und auf „dem Gipfel des Berges stand ein großes altes Schloss mit vielen Türmen im hellsten Mondenschein". Ein Schwarm Dohlen erschreckt ihn, und in der Haustür des Schlosses steht „eine alte, sehr hässliche Frau". Daher verwundert es nicht, dass es dem Taugenichts so vorkommt, als habe er „von einem Schlosse im Mondschein […] und von einer alten Hexe und ihrem blassen Töchterlein" (K 45.26–28 / R 55.16 f.) geträumt.

Parodie auf die „schwarze Romantik"

Mit dieser Erregung von verstörenden Gefühlen setzt Eichendorff scheinbar ein Gegengewicht zur harmonischen Welt der morgendlichen Frische und Klarheit. Zugleich parodiert er die Elemente der „schwarzen Romantik", denn die meisten der unheimlichen Erscheinungen stellen sich als Fehldeutungen heraus, weil der Taugenichts die Begründungen für das Verhalten etwa der Schlossbewohner nicht kennt. Der junge Verliebte, der den Taugenichts mit seinen Liebesbezeugungen verwirrt, glaubt, dass dieser die verkleidete Flora sei. Das merkwürdige Verhalten der Bediensteten im Schloss hat dieselbe Ursache, sie halten den Taugenichts für die als Mann verkleidete Flora, weil sie nicht wissen, dass Flora mit ihrem Geliebten allein geflohen ist. Der Bucklige, der den Taugenichts in ein Gespräch verwickelt und immer wieder geisterhaft auf seinem Schimmel erscheint, ist der Spion der Gräfin, die ihn auf die Tochter und ihren Geliebten angesetzt hat, da sie diese Verbindung missbilligt.

Mondnacht und positive Stimmung

Aber es gibt auch positive Gefühle, die sich bei abendlicher Stimmung einstellen: Als der Taugenichts den Blumenstrauß vermeintlich für seine schöne Geliebte zusammenstellt, treten schon die Sterne

> „am Firmament hervor, von weitem rauschte die Donau über die Felder herüber, in den hohen Bäumen im herrschaftlichen Garten neben mir sangen unzählige Vögel durcheinander. Ach, ich war so glücklich!" (K 18/10–13 / R 24.9–12)

Und so geht er schließlich „voller fröhlicher Gedanken bei dem schönen Mondschein durch die stillen, reinlich mit Sand bestreuten Gänge" (K 18.19 f. / R 24.18–20). Hier zeigt sich, dass seine seelische Befindlichkeit die Beurteilung der Tageszeit bestimmt.

## Der Morgen

Der Morgen als christliches Ursymbol

Besondere Bedeutung kommt dem Morgen zu. Hatte der Taugenichts offenbar zu Hause den Tagesanbruch meist verschlafen und nur das Rumoren seines Vater gehört, der zeitig aufgestanden war, so steht er nun im Schloss entgegen seiner Gewohnheit „alle Tage sehr zeitig auf" und genießt den Garten, der „von der Morgensonne wie lauter Gold und Edelsteine" funkelt (K 8.13 f. / R 12.36–13.1). Das Licht des frühen Morgens, das in der Erzählung immer wieder positiv erwähnt wird und den Taugenichts glücklich stimmt, kann als christliches Ursymbol, als Hinweis auf die Überwindung der nächtlichen Finsternis gedeutet werden. Während das „helle Mondlicht" mit „langen Schatten der Baumstämme, die wechselnd über die beiden Reiter wegflogen" (K 32.21 f. / R 40.19–21) den Taugenichts ängstigt und verwirrt, wird ihm beim Morgengruß der Sonne, die „lange rötliche Scheine über den Himmel [sendet], ganz leise, wie wenn man über einen Spiegel haucht“ (K 32.28 f. / R 40.27–29) ganz klar im Herz. Kurze Zeit später macht ihn ein „Blitzen und Rauschen und Schimmern und Jubilieren“ des Morgenrots unbeschreiblich fröhlich.

Nach der ersten Nacht in Rom wacht der Taugenichts auf der Schwelle des Hauses auf, in dem er seine geliebte schöne Frau vermutet, und stellt mit „Grausen“ fest, dass dieses Haus unbewohnt ist. Doch da „blitzte und funkelte die Morgensonne weit über die Dächer und in die langen stillen Straßen hinein, dass ich laut aufjauchzen musste“ (K 57.14–16 / R 69.6–8). Nicht sein Gefühl also spiegelt sich hier – im Gegensatz etwa zu anderen Situationen – in der Beurteilung der Tageszeit wider, sondern die Morgensonne ruft das Gefühl der Freude und des Glücks hervor.

## Mittagszeit

Gewitter und Schwüle

Die Mittagszeit dagegen ist häufig gekennzeichnet von aufziehenden gewittrigen Wolken und Schwüle.

> „Wie aber denn die Sonne immer höher stieg, rings am Horizont schwere weiße Mittagswolken aufstiegen, und alles in der Luft und auf der weiten Fläche so leer und schwül und still wurde über den leise wogenden Kornfeldern, da fiel mir erst wieder mein Dorf ein und mein Vater und unsere Mühle“ (K 5.9–13 / R 9.18–23).

Mittag als emotionaler Kontrast zum Morgen

Diese Erinnerung des Taugenichts an das heimatliche Dorf und die Wolkenstimmung verweist auf die Erinnerungen Eichendorffs an das heimatliche Schloss, das Zurückschauen des Autors auf die glückliche Kindheit. Außerdem ist der Mittag seit alters die Zeit der geistigen, emotionalen und psychischen Schwere. So schläft beispielsweise in der antiken Mythologie in der Mittagsstunde der bocksfüßige Gott Pan, Gott des Waldes und der Hirten. Wird er im Schlaf gestört, so verbreitet er „panischen Schrecken“. So ist auch die dämonische Stimmung zu verstehen, die in der Stille der Hitze und der schwülen Luft entstehen kann. Die Schwüle und Hitze des Mittags steht in deutlichem Kontrast zur Aufbruchsstimmung des Morgens.

## Handlungsorte

| Stimmungs- und Symbolorte | |
|---|---|
| | ➟ Die alte Reichskarte: Anspielung auf den historischen Hintergrund<br>➟ Italiensehnsucht<br>➟ Das Schloss bei Wien<br>➟ Rom<br>➟ Der Schlossgarten und der Garten am Zollhäuschen |

Die Funktion der Räume lässt sich unter sehr unterschiedlichen Aspekten untersuchen. Zunächst gilt es herauszustellen, welche Schauplätze den Erzähltext bestimmen. Eichendorffs Novelle bewegt sich hauptsächlich zwischen zwei zentralen Handlungsorten, die der historischen Wirklichkeit zuzuordnen sind: Rom und Wien. Doch schon beim ersten Lesen bemerkt man, dass die Darstellung der beiden Städte nicht die Realität schildern soll, sondern eher auf die Gestaltung von Symbol- und Stimmungsräumen zielt. Im Hinblick auf Wien erhalten wir kaum konkrete Hinweise auf die reale Stadt; Rom ist schon von der Lagebeschreibung (am Meer) her nicht als realistisches Abbild ausgewiesen.

Orte der Symbolik oder Stimmung

Auch kleinere Raumstrukturen bleiben vorwiegend Symbol- oder Stimmungsräume. Mehrfach befindet sich der Taugenichts im wörtlichen wie im übertragenen Sinn auf einer Schwelle, also im Übergangsbereich von innen und außen, eher heimatlos als angekommen. Auch sein Reiseweg ist kein Abbild einer realistischen Reise nach Italien, sondern Ausdruck der ungeplanten, von außen gesteuerten und von glücklichen Zufällen bestimmten Reise, die mit großem Gottvertrauen begonnen hat und märchenhaft endet. Die Burg im Gebirge erinnert an die mittelalterliche Vergangenheit, in der die Romantik die „Kindheit der Nation" (vgl. S. 74) zu erkennen glaubte. Die Gärten, der Teich mit seinen Spiegelungen, die Brunnen, die rauschenden Wälder und die Blumenwiesen erinnern allesamt an typische Stimmungs- oder Symbolräume des romantischen Motivschatzes.

## Historischer Hintergrund

Die politische Bedeutung der alten Landkarte

Auf dem Rückweg nach Wien trifft der Taugenichts auf drei Studenten, die eine „alte zerfetzte Landkarte“ herausziehen, um sich zu orientieren. Auf dieser Karte ist „noch der Kaiser in vollem Ornate zu sehen [...], den Zepter in der rechten, den Reichsapfel in der linken Hand“ (K 74.14 f. / R 89.3–5). Dabei handelt es sich um einen versteckten, aber deutlichen Hinweis des Autors darauf, dass eines seiner geheimen Ideale die Wiederherstellung des Heiligen Römischen Reiches Deutscher Nation ist. Die Zerschlagung dieses Reiches, an dessen Spitze der Habsburger Kaiser Franz II. stand, war eines der wesentlichen Ziele Napoleons. Von 1813 bis 1815 hatte Joseph von Eichendorff aktiv als Angehöriger des preußischen Freikorps an den Befreiungskriegen gegen Napoleon teilgenommen, ohne jedoch an wesentlichen Kämpfen beteiligt gewesen zu sein.

Eichendorffs politische Einstellung

Nach den Niederlagen Napoleons in der Völkerschlacht bei Leipzig (1813) und der Schlacht von Waterloo (1815) hatten viele Freiheitskämpfer auf demokratische Rechte und eine nationale Einigung der Deutschen gehofft. Jedoch setzten sich nach dem Wiener Kongress (1814/15) die monarchistisch-feudalen Kräfte durch. Während vielen Menschen die Rückkehr zu den alten Strukturen nicht gefiel, blieb Eichendorff – wie viele konservative Nationalisten – distanziert gegenüber den demokratischen Ideen. Sein Wunsch nach Wiederherstellung eines deutschen Reiches wie zu Habsburger Zeiten kommt nicht zuletzt durch die Wahl der beiden zentralen Handlungsorte Wien und Rom zum Ausdruck. Wien war jahrhundertelang Hauptstadt des Heiligen Römischen Reiches und des Kaisertums Österreich. Rom dagegen nimmt für Eichendorff – im Hinblick auf seine religiöse Einstellung – als Sitz des Papstes eine herausragende Stellung ein.

Christliches und weltliches Zentrum – Rom und Wien

## Italiensehnsucht

> „Wertgeschätzter Herr Einnehmer! Italien ist ein schönes Land, da sorgt der liebe Gott für alle, da kann man sich im Sonnenschein auf den Rücken legen, so wachsen einem die Rosinen

> ins Maul, und wenn einen die Tarantel beißt, so tanzt man mit ungemeiner Gelenkigkeit, wenn man auch sonst nicht tanzen gelernt hat." (K 24.11–16 / R 31.14–20)

Italien als Sehnsuchtsort

So schildert der Portier Italien, und voller Begeisterung ruft der Taugenichts aus: „nach Italien, nach Italien" und stürmt los, „ohne an die verschiedenen Wege zu denken". Die Schilderung des Portiers entspricht recht genau dem zeitgenössischen Sehnsuchtsmotiv der Reisen nach Italien: Sonne, Wärme, ländliche Idylle, Musik, Tanz und Gesang, freundliche Menschen und genüssliches Nichtstun waren die Komponenten, aus denen sich das Italienbild bis in die Neuzeit zusammensetzte.

Waren es im Mittelalter vor allem Pilger und Ritter, die aus religiösen Gründen nach Italien und vor allem nach Rom zogen und sich weniger für Land und Leute und noch weniger für Kunst interessierten, so kamen im 17. Jahrhundert neue Beweggründe hinzu: Es wurde üblich, dass junge Adelige ein Interesse für fremde Länder und Sitten entwickelten, um mit einem neuen Horizont die Eignung zu höheren Ämtern zu erlangen. Es entstand eine Art Tourismus reicherer Bürger nach Italien.

Ende des 18. und Anfang des 19. Jahrhunderts bedeutete die Italiensehnsucht eine Rückbesinnung auf die klassischen Altertümer. Dabei wurde Italien nicht nur wegen der geographischen Nähe bevorzugt, sondern auch, weil Griechenland damals als Teil des Osmanischen Reiches kein einfach zu bereisendes Land war. Johann Heinrich Wilhelm Tischbein, Johann Wolfgang Goethe und Johann Gottfried Seume, um nur einige zu nennen, reisten nach Italien und hielten ihre Eindrücke in ihren Bildern und Texten fest.

Goethes *Italienische Reise*

Die berühmteste aller dieser Reiseschilderungen ist zweifelsohne die *Italienische Reise* Goethes. Sie galt im 19. Jahrhundert als Ideal einer Bildungsreise. Frei von Zwängen des alltäglichen Lebens war die Reise nicht nur dem Besuch historischer klassischer Sehenswürdigkeiten gewidmet, sondern diente auch der Entfaltung der eigenen Persönlichkeit. Das Studium von Natur und Kunst sollte helfen, die Konflikte Goethes mit der Weimarer

Lebenswirklichkeit zu überwinden. Für den Taugenichts dagegen entspringt die Idee, nach Italien zu reisen, einem spontanen Entschluss. Es ist eher eine Reise in ein unbekanntes Phantasieland (daher kann Rom auch am Meer liegen).

Joseph von Eichendorff ist selbst nie in Italien gewesen und sein Bild von Rom gleicht eher dem goldenen himmlischen Jerusalem im 21. Kapitel der Offenbarung des Johannes. Dennoch hat seine Erzählung das romantische Italienbild geprägt wie kaum ein anderes Buch. Und mit diesem Italienbild ist das romantische Lebensgefühl der Sehnsucht eng verknüpft. Doch zur Sehnsucht gehört auch die Unerfüllbarkeit der Wünsche und als Gegenpol das Heimweh.

Das positive Stimmungsbild Rom erscheint daher ambivalent. Der Taugenichts muss, bevor er den goldenen Sehnsuchtsort betritt, durch eine

> „große, einsame Heide, auf der es so grau und still war, wie im Grabe. […] Sie sagen, dass hier eine uralte Stadt und die Frau Venus begraben liegt, und die alten Heiden zuweilen noch aus ihren Gräbern heraufsteigen und bei stiller Nacht über die Heide gehen und die Wanderer verwirren." (K 55.4–12 / R 66.16–25)

Der Taugenichts wird zwar nicht auf der einsamen Heide in Verführung gebracht, doch eine römische Gräfin stellt ihn auf die Probe. Von höheren Mächten geleitet entkommt er dieser Verlockung und bleibt seiner „schönen gnädigen Frau" treu. Und so gelingt es dem Taugenichts, der Anfechtung durch irdisches Glück, Sinneslust und sexuelle Freuden zu entgehen. Zwar sind die heidnischen Götter und die dunklen Naturkräfte noch lebendig, doch der Taugenichts bleibt von ihnen unberührt, weil er wie der Tor im Märchen ein völlig reines Herz hat.

## Wien

Wien wird zwar zur wichtigsten Station des Protagonisten als Ausgangspunkt und Ziel seiner Reise, tatsächlich aber ist Wien in der Erzählung – wie auch Rom – eher eine Traumvorstellung des Taugenichts; konkrete Beschreibungen fehlen. Von der Stadt werden lediglich die Türme des Stephansdoms erwähnt. Zentraler Schauplatz aber ist das Schloss. Zwar liegt es außerhalb Wiens, doch ist die Kulisse der Stadt von dort auszusehen. Das Schloss ist ein vorwiegend durch positive Erlebnisse herausgehobener Ort, an dem der Taugenichts neue Erfahrungen als Gärtner und Zolleinehmer macht, mit dem Adel bekannt wird, seine geliebte Aurelie trifft und in seiner Unkenntnis der höfischen Verhaltensweisen verwirrende Missverständnisse erlebt. Zu seinen neuen Erfahrungen gehören auch die Lebensumstände des Adels, die Gärten, das Schloss, die Jagd und die Galanterie. Aus seiner Mühleneinsamkeit gerissen, trifft er hier zum ersten Mal auf Frauen, die ihm begehrenswert erscheinen.

Das Schloss bei Wien

Lebensumstände des Adels

Den ersten Eindruck, den der Taugenichts im Schloss gewinnt, ist die scheinbar sinnlose Geschäftigkeit, wenn die Diener die Treppe herauf und herunter eilen. Dies steht im Gegensatz zu der zielgerichteten produktiven Geschäftigkeit des Vaters in der Mühle. Zugleich steht dem Bild des fleißigen Vaters die ehrfurchtgebietende Figur des Portiers in der Eingangshalle des Schlosses entgegen, der gleichfalls nur auf und ab geht. Gerade diese Orientierung auf Nutzen und Effizienz ist es, die den Vater als Philister erscheinen lässt und die der Taugenichts ablehnt.

Sinnlosigkeit der Geschäftigkeit im Schloss

## Rom

Wie wenig die Schilderung Roms mit der Realität übereinstimmt, lässt sich erkennen, wenn man die Sorglosigkeit des Taugenichts betrachtet, mit der dieser durch Rom schlendert, auf Türschwellen schläft und dabei mit Blumen vom Balkon überstreut wird. Die historische Wirklichkeit sah dagegen anders aus: Nach dem Wiener Kongress 1814/15 sollte auch in Italien die vornapoleonische Ordnung wiederhergestellt werden. Dagegen wehrten sich bürgerlich-liberale Kräfte. Sammelbecken waren die Carbonari, ein den Freimaurern ähnlicher Geheimbund. Hinzu kamen Räuber, die sich aus verarmten Bauern und Tagelöhnern rekrutierten. Sie machten die Straßen durch Überfälle auf Kutschen und Straßenraub unsicher. Einen verdeckten Hinweis auf die Gefähr-

Gefahren in Rom

dung durch Räuber und Carbonari gibt Eichendorff in der Gestalt des buckligen Männleins, der den Taugenichts ängstigt, weil er ihn zu verfolgen scheint, in Wirklichkeit jedoch nur ein Spion der Gräfin ist.

## Gärten

Gärten spielen in der Novelle eine auffällige Rolle. Vor allem die Beschreibung und der Detailreichtum des Schlossgartens lässt die Vermutung aufkommen, dass Eichendorff hier Jugenderinnerungen an das elterliche Schloss vermittelt. Dem schönen Schlossgarten bei Wien steht jedoch der wilde Garten des Schlosses in den Bergen negativ gegenüber, und auch in Rom ist das Bild des Gartens eher negativ geprägt.

Der Garten als Paradies

Zugleich kommt dem Garten in der Malerei und Literatur eine besondere Symbolhaftigkeit zu: Er erscheint als Ort der körperlichen und geistigen Belebung, der Lust und der Liebe. Zudem steht er für das Paradies und die Wohnung der Seelen und versinnbildlicht die gezähmte und geordnete Natur. Im christlichen Sinne ist der umzäunte Garten ein Symbol für die Jungfrau Maria.

### Der Schlossgarten

Kurz nach seiner Ankunft im Schloss bei Wien bekommt der Taugenichts eine Anstellung als Gärtner. Er ist erfreut, dass er nun „warmes Essen" und Geld für Wein zur Verfügung hat. Allerdings stört ihn die Arbeit, die er verrichten muss. Tatsächlich scheint der Garten recht weitläufig und großzügig ausgestattet zu sein. Er weist die typischen Elemente eines gepflegten herrschaftlichen Gartens auf: Tempel, Lauben und Laubengänge, Steintische, ein Gartenhaus, Rosenbüsche, Springbrunnen und einen Weiher, über den der Taugenichts die Adelsgesellschaft rudern muss. Hohe Bäume, ein Sommerhaus am Hang zum Tal hin, kleine weiße Brücken und ein Rasenplatz vervollständigen das Bild. Dieser Garten wirkt jedoch nur so lange anmutig, wie er mit angenehmen Gefühlen betrachtet wird oder als Schutz zur heimlichen Beobachtung der geliebten Frau dient. Häufig spiegelt der Garten deutlich die jeweilige Stimmung des Taugenichts wider.

Merkmale eines herrschaftlichen Gartens

Garten als Spiegel der Gefühle

Als er bemerkt, dass nicht seine begehrte Frau im Garten die bestellten Blumen sucht, sondern die Herrin von Rosette, scheint es ihm, als ob die „Bäume und Sträucher [...] kurios, wie mit langen Nasen und Fingern hinter ihr [der Kammerjungfer] drein“ (K 20.27 f. / R 27.7–9) zeigen. Nachdem er von einem hohen Baum ein Fest im Schloss beobachtet hat und glaubt, dass seine Angebetete verheiratet ist, fühlt er sich „wie die Nachteule“, die Wolken wandern „einsam über den dunkeln Garten“ und „auf dem Rasenplatz und den steinernen Stufen und Säulen sah alles so still, kühl und feierlich aus“ (K 22.1 f. / R 28.24 f.). „[T]raurig und doch auch wieder so überaus fröhlich, wie ein Vogel, der aus seinem Käfig ausreißt“ (K 23.3–5 / R 29.35 f.) verlässt der Taugenichts das Schloss. Mit seiner neuen Lust am Reisen zeigt nun auch die Natur wieder ihr heiteres Gesicht, wieder „jubilierten unzählige Lerchen hoch in der Luft“ (K 23.12 f. / R 30.9).

**Der Garten am Zollhäuschen**

Die Beförderung zum Zolleinnehmer beschert dem Taugenichts einen eigenen kleinen Garten, der sich unmittelbar an den herrschaftlichen Besitz anschließt. Durch eine Lücke in der Mauer gibt es einen Zugang zum Schlossgarten. Diesen Garten, der zur Selbstversorgung des Zolleinnehmers dienen soll, wandelt der Taugenichts umgehend um. Kartoffeln und Gemüse werden herausgerissen und Blumen gepflanzt: rote Rosen, blaue Wicken und weiße Lilien. Dem sich hier offenbarenden positiven Aspekt des Taugenichts als „Schöpfer“ steht die negative Zuordnung des Berufs Zöllner ambivalent gegenüber. Als der Taugenichts das Schloss verlässt, hinterlässt er einen wüsten, geplünderten Garten.

Negative Karikatur eines Gartens

Auch der Garten des Schlosses im Gebirge ist eher eine negative und unheimliche Karikatur des Wiener Schlossgartens. Es gibt keine lauschigen Gänge, sie sind vielmehr mit Gras überwuchert, die Statuen sind zerbrochen, die Brunnen versiegt und – dem Zolleinnehmer-Gärtchen vergleichbar – ist hier Kohl angebaut. Es ist eine „lüderliche Gärtnerei“ (vgl. K 46.21–25 / R 56.17–21).

# Sprache

- Das Adverb „recht“
- Vermenschlichende Sichtweise der Natur
- Vergleiche
- Verkleinerungen
- Wiederholungen
- Farbsymbolik
- Satzbau

Stimmung und Atmosphäre

Eichendorffs Novelle wirkt auf den Leser wie eine angedeutete Skizze. Vieles bleibt ungenau, flüchtig und nur auf Stimmung und Atmosphäre ausgerichtet. Einerseits tragen zu diesem Eindruck die eingestreuten Lieder bei, andererseits unterstreicht die sprachliche Gestaltung das Gefühl des Schwebenden. So fällt die gehäufte Verwendung des Adverbs „recht“ auf (recht lustig, recht lieb, recht artig, recht stolz, ich hatte recht meine heimliche Freud, rechte Gunst). Die schwebende Bedeutung dieses Adverbs, das im hervorhebenden Sinne des folgenden Wortes oder Satzteils verwendet werden kann, aber auch als einschränkende Aussage, gibt den Grundton der gesamten Erzählung an, die immer wieder unbestimmt und mehrdeutig bleibt.

Das Adverb „recht“

Weiterhin zeigt bereits der Anfang eine Besonderheit der gesamten Erzählung, die die Unmittelbarkeit des Miterlebens verstärkt, den Anthropomorphismus (die Vermenschlichung). Gegenständen, Tieren und der Natur werden menschliche Eigenschaften und Tätigkeiten zugesprochen: So braust des Mühlrad „recht lustig“, der Schnee tropft „emsig“ (K 3.2 / R 7.3) vom Dach und die Goldammer singt „stolz und lustig“ (K 3.18 / R 7.22). Vor allem die Natur erhält menschliche Züge, „die Wolken wanderten einsam über den dunkeln Garten weg“ (K 21.32 / R 28.17), „die ganze Gegend zitterte und säuselte im Mondenschein“ (K 38.20 / R 47.12 f.).

Vermenschlichung der Natur und der Gegenstände

Zu dieser Beseelung der Welt und der vermenschlichenden Perspektive tragen auch die zahlreichen Vergleiche bei. Mit ihnen erhöht Eichendorff die Anschaulichkeit der Erzählung. So funkelt der Garten in der Morgenson-

Vergleiche

ne „wie lauter Gold und Edelsteine" (K 8.14 / R 12.36–13.1), die Buchenalleen sind „still, kühl und andächtig wie in einer Kirche" (K 8.15 f. / R 13.2), und Bäume und Sträucher weisen wie „mit langen Nasen und Fingern" (K 20.27 f. / R 27.8 f.) hinter der Kammerjungfer drein. Während das Dorf „wie begraben" liegt, erscheint der Schein der aufgehenden Sonne, „wie wenn man über einen Spiegel haucht" (K 32.29 / R 40.28 f.). „[D]ie Sonnenstrahlen schossen recht wie sengende Pfeile auf das Pflaster" (K 61.29 f. / R 74.19 f.) und der Taugenichts ist „wie betrunken von Freude" (K 61.22 / R 74.10 f.).

Verkleinerungsformen

Mit diesen Vergleichen eröffnet der Autor dem Leser auf der einen Seite eine poetisierte Welt, auf der anderen Seite befreit er ihn davon, Metaphern und Bilder zu entschlüsseln. Die Vergleiche sind unmittelbar eingängig und entsprechen der einfachen Denkweise des Taugenichts. Auch die häufige Verwendung von Verkleinerungsformen (Diminutive) dient der Emotionalisierung, vor allem aber der Verniedlichung. Da blickt ein „niedliches Gesichtchen" (K 16.16 / R 22.4) aus der Kutsche, die Kammerjungfer rümpft das „kleine Näschen" (K 17.13 / R 23.7 f.).

Die Weltsicht des Taugenichts spiegelt sich in der Formelhaftigkeit der Sprache wider und verstärkt den Eindruck einfacher Anschauung. Immer wieder „funkelt" der Mondschein; die Flüsse, Wälder und Bäume rauschen; die Vögel singen und das Herz will zerspringen. Selbst die Darstellung der schönen jungen Gräfin kommt mit den stereotypen Attributen aus, die begehrenswerte Frau bedarf keiner eingehenderen Beschreibung. Die beiden schmückenden Adjektive in formelhafter Verwendung genügen zum Ausdruck der Verehrung.

Wiederholungen

Farbsymbolik

Viele Wahrnehmungen und sinnliche Eindrücke werden auffällig oft wiederholt. Dabei fallen zunächst die Farben auf, etwa das Blau der fernen Berge, die blaue Ferne, die himmelblauen Blumen, das Blau des Meeres und vor allem des Himmels. Die Farbe Blau erhält in der Romantik ihre besondere Bedeutung durch das romantische Bild der Suche nach der „blauen Blume", die als zentrales Symbol für die ins Unendliche gerichtete

Sehnsucht gilt und erstmals von Novalis in seinem Romanfragment *Heinrich von Ofterdingen* (1802 postum veröffentlicht) verwendet wurde. Zudem ist die Farbe Blau häufig die Farbe des Gewands der Jungfrau Maria und damit auch die Farbe der Reinheit.

Häufig lässt sich auch die Farbe Grün beobachten. Hier ist es das frühlingshafte Grün des Landes, das Grün der Bäume, Wiesen, Felder und das Grün des Jungfernkranzes. Allgemein gilt das Grün als Frühlingsfarbe, im Christentum ist es die Osterfarbe, die Farbe der Auferstehung und der Hoffnung. Blau und Grün sind damit vor allem die Farben der sichtbaren Welt. Hinzu kommt die Farbe Rot, die den Morgen und den Abend ankündigt. Und immer wieder wird das Funkeln, Glühen, Schimmern, der Gold- und Silberglanz des Mondes, der Sterne, der Flüsse betont.

Synästhesie

Die Bewegtheit der Naturerscheinungen wird noch verstärkt durch die bei den Romantikern beliebte Form der Gefühlsvermittlung durch die Verbindung zweier oder mehrerer unterschiedlicher Sinnesbereiche (Synästhesie) wie etwa „ein rötlicher Duft über dem warmen, verschallenden Abend“ (K 89.25 / R 106.9 f.). Farbe, Geruch und Geräusch werden gleichzeitig erfasst und gehen so ineinander über, als seien die einzelnen Wahrnehmungen nicht voneinander zu trennen.

Satzbau

Auf den ersten Blick scheint der Satzbau der Einfachheit der Denk- und Sichtweise des Taugenichts zu widersprechen. Die Satzlängen täuschen jedoch über die geringe Komplexität der Sätze hinweg. Viele Sätze sind so aneinandergereiht, dass sie mehrere Zeilen umfassen. Aber sehr häufig handelt es sich dabei um die einfache Aneinanderreihung selbstständiger Hauptsätze (Parataxe), die entweder durch Konjunktionen (Polysyndeton) miteinander verknüpft sind oder als unverbundene Reihung auftreten (Asyndeton).

> „Dabei schienen die Sterne prächtig am klaren Firmament, die ganze Gegend war versilbert vom Mondschein, ich dachte an die schöne Frau, an die ferne Heimat, und vergaß darüber ganz meinen Maler neben mir.“ (K 67.23–27 / R 81.5–9)

Diese unverbundene Reihung beispielsweise lässt eine gewisse Atemlosigkeit des Erzählens entstehen. Sie weckt den Eindruck, als würden unreflektierte Eindrücke hastig wiedergegeben. Die erste körperliche Berührung der beiden Liebenden wird zunächst in aufgeregt wirkender, unverbundener Aneinanderreihung dargestellt, um dann in eine miteinander verbundene Reihung überzugehen:

> „Endlich fasste ich ein Herz, nahm ihr kleines weißes Händchen – da zog sie mich schnell an sich und fiel mir um den Hals, und ich umschlang sie fest mit beiden Armen."
> (K 89.31–33 / R 106.16–19)

# Zuordnung zur Gattung Novelle

| | |
|---|---|
| ➡ Elemente des Entwicklungs- und Abenteuerromans<br>➡ Merkmale des Märchens<br>➡ Elemente der Novelle: Wendepunkt, Leitmotiv, das Außergewöhnliche | Verschiedene Gattungsmerkmale |

Der Schluss von Eichendorffs Erzählung gibt einen scheinbaren Hinweis auf die Gattungszuordnung, wenn Leonhard die Verwicklungen der Handlung raffend erzählt und den Taugenichts zwischendurch fragt: „aber du hast wohl noch keinen Roman gelesen? [...] Nun, so hast du doch einen mitgespielt“ (K 88.9–11 / R 104.20 f.). Schließlich weist Leonhard noch darauf hin, wie Romane zu enden pflegen: „Also zum Schluss, wie sich's gebührt: Entdeckung, Reue, Versöhnung, wir sind alle wieder lustig beisammen und übermorgen ist Hochzeit.“ (K 88.34–36 / R 105.13–15)

Leonhards Hinweis auf die Gattung Roman

Das Romanhafte, das Leonhard hier anspricht, ist jedoch eher zu verstehen als romantisch geprägte Poesie. Der Roman wurde in der Romantik als umfassendste literarische Gattung gesehen, da in ihm Elemente sämtlicher anderer Gattungen sowie alle sprachlichen Merkmale, einschließlich Ironie und Humor, aber auch philosophische Gedanken und Reflexionen vorhanden sein können.

Roman als umfassendste Gattung

Vielleicht lässt sich Leonhards Hinweis aber auch als ironische Randbemerkung des Dichters Eichendorffs verstehen, der mit *Aus dem Leben eines Taugenichts* eine Parodie auf den Bildungs- oder Entwicklungsroman geschaffen hat, als dessen gängiges Muster Goethes *Wilhelm Meisters Lehrjahre* galt. Der *Taugenichts* weist durchaus einige zentrale Aspekte eines Bildungs- und Entwicklungsromans auf: So verlässt der Protagonist seine Heimat, um einerseits durch neue Erfahrungen und Erlebnisse sowie Begegnungen mit anderen Menschen und andererseits durch seine inneren Anlagen einen

Elemente eines Bildungs- und Entwicklungsromans

Reifungsprozess zu beginnen. Wenn es also das Ziel des Entwicklungsromans ist, die charakterliche Reifung der Hauptperson darzustellen, so veranschaulicht die Erzählung von Eichendorff, dass der Taugenichts sich weder mit seiner Umwelt auseinandersetzt noch eine seelische oder geistige Entwicklung durchmacht. Seine „Bildungsreise“ nach Italien bleibt völlig folgenlos für seine Persönlichkeitsentwicklung.

Elemente eines Abenteuerromans

Allerdings gibt es auch einzelne Elemente, die auf die zu Eichendorffs Zeit besonders beliebten Abenteuerromane zutreffen. Doch auch hier werden diese Merkmale von Eichendorff eher parodistisch genutzt. Der Protagonist eines Abenteuerromans bricht aus seinem gewohnten Lebensbereich auf und besteht freiwillig oder gezwungen überraschende Abenteuer in einer unbekannten Welt. Dabei ist die Handlung episodisch aufgebaut. In stilistischer Hinsicht zeichnet sich dieser Typ des Romans meist durch eine einfache Sprache aus. Dennoch genügt *Aus dem Leben eines Taugenichts* wichtigen Anforderungen an den Roman nicht. Es fehlen der Erzählung einerseits die differenziert vertiefende Weltsicht, andererseits die vielseitige Personengestaltung und die umfassende Gestaltung der Zeit, der Gesellschaft und des Raumes. Die handelnden Figuren bleiben eher oberflächlich und schemenhaft.

Märchenelemente

Deutlicher scheinen einige Kennzeichen des Märchens auf die Erzählung zuzutreffen, zumal Eichendorff häufig entweder Märchenmotive oder Hinweise auf Märchen einstreut: Als seine schöne, gnädige Frau in einem grünen Jagdhabit heranreitet, fällt dem Taugenichts das Märchen „von der schönen Magelone“ (K 15.2 / R 20.24) ein. Im Schloss im Gebirge träumt er „von einer alten Hexe und ihrem blassen Töchterlein“ (K 45.26–28 / R 55.16 f.), und schließlich fühlt er sich „auf dem einsamen Schlosse wie ein verwunschener Prinz“ (K 48.14 f. / R 58.20 f.). Zu den Märchenmotiven in der Novelle zählen: unpräzise Orts- und Landschaftsbeschreibungen, die Mühle, Schlösser und Gärten, Wälder mit Räubern, verliebte junge Menschen, Verkleidungen und Verwechslungen, Wanderschaft und schließlich ein glückliches Ende und die Aussicht auf Reichtum.

Gerade die Romantiker sahen in den Märchen, ebenso wie in den Sagen und Volksliedern, die Ursprünglichkeit des Volkslebens und glaubten sozusagen in die „Kindheit" der deutschen Literatur zu schauen. Zudem scheinen Märchen die gewöhnliche Realität zu durchbrechen: Ihre Hauptfiguren sind meist Personen ohne komplexen Charakter, sie machen keinen Lernprozess durch, ihre Erfahrungen führen nicht zu Veränderungen in ihren Verhaltensweisen, und sie wirken auf ihrem Weg zu einem glücklichen Ausgang ihrer Geschichte wie unsichtbar gelenkt. Die Handlung spielt zwar formal in der Gegenwart, doch tatsächlich ist sie zeitlos und ohne konkreten Raum. Die Sprache ist einfach und formelhaft, der Satzbau häufig parataktisch. Auch wenn diese Eigenschaften auf Eichendorffs Erzählung teilweise zutreffen, können ihr nur oberflächlich märchenhafte Züge zugeschrieben werden. Obgleich der Taugenichts wie „Hans im Glück" trotz seiner Unvernunft immer wieder von Glück begleitet ist, finden – anders als im Märchen – alle Ereignisse zum Schluss ihre vordergründig realistische Auflösung. Eichendorff spielt zwar mit Motiven von Märchen, um der Erzählung einen poetischen Klang zu verleihen, doch es fehlt seiner gesamten Erzählung an Magie.

Novellenmerkmale

Am ehesten treffen einige Merkmale der Novelle auf sie zu. Dabei darf nicht übersehen werden, dass es keine eindeutige Definition der Novelle gibt, dennoch können bestimmte Merkmale herangezogen werden, die es erlauben, eine Erzählung von mittlerer Länge als Novelle zu bezeichnen. Schon das unmittelbare Einsetzen der Handlung kann als typische Eigenschaft gesehen werden, ebenso wie das anscheinend offene Ende. Die Novelle ist vor allem gekennzeichnet durch eine thematische Konzentration und formale Geschlossenheit. Diese ergibt sich im *Taugenichts* durch die Kreisstruktur und die klare Gliederung der Handlung. Auch eine weitere Bedingung der Novelle – die Zuspitzung auf ein bestimmtes zentrales Ereignis oder den klaren Wendepunkt – erfüllt die Erzählung gleichfalls, wenn etwa der Taugenichts deprimiert und verärgert – nach dem Missgeschick bei dem Rendezvous mit der „falschen Gräfin" – aus Rom abreist und sich „auf ewig" vom „falschen Italien mit seinen verrückten Malern, Pomeranzen und Kammerjungfern" (K 72.13 f. / R 86.25–27) abwendet.

Leitmotiv und Dingsymbol

Auch die psychologisch stimmige Gestaltung der Hauptperson ohne innere Brüche ist ein deutliches Merkmal der Novelle. So wie der Taugenichts aus seinem Heimatdorf in die Welt ausgezogen ist, so kehrt er nach Wien zurück: naiv, gottesfürchtig, geschichtslos und naturbezogen. Wie die Novellentheorie ein Leitmotiv und ein Dingsymbol als deutliches Erkennungszeichen verlangt, so durchzieht das Motiv der Naturbegeisterung und der Vermenschlichung der Natur ebenso wie die Geige als Dingsymbol die Novelle.

Das Außergewöhnliche der Erzählung anstelle der „unerhörten Begebenheit"

Allerdings fehlt in der Erzählung *Aus dem Leben eines Taugenichts* die zentrale „unerhörte Begebenheit", die Goethe als eine wichtige Eigenschaft der Novelle begreift. August W. Schlegel modifiziert mit Blick auf die Romantik diesen Aspekt, indem er die Außergewöhnlichkeit des Erzählten als Indikator für das novellistische Erzählen sieht. Dieses Außergewöhnliche ist sicherlich im *Taugenichts* einerseits im Hinblick auf die glückliche Reise des Taugenichts erkennbar, aber auch in der verworrenen Handlung mit ihren Missverständnissen und Irrtümern.

# Merkmale der Romantik

- ➟ Ablehnung der Regelpoetik
- ➟ Die Welt des Unbewussten und des Traums
- ➟ Eichendorffs Auffassung von Dichtung: Religion, Harmonie der Schöpfung

Überwindung klassischer Rationalität

Die Epoche der Romantik beginnt um 1797 und endet etwa 1830. Allerdings war die deutsche Romantik keine homogene Bewegung, schon die räumlichen Kristallisationspunkte Jena, Berlin und Heidelberg liegen weit auseinander. Daher ist eine einheitliche Definition der Epoche angesichts der vielfältigen theoretischen und literarischen Äußerungen der Romantiker kaum möglich. Eine der besten Definitionen des Romantischen stammt von Novalis: „Indem ich dem Gemeinen [im Sinne von einfach] einen hohen Sinn, dem Gewöhnlichen ein geheimnisvolles Ansehn, dem Bekannten die Würde des Unbekannten, dem Endlichen einen unendlichen Schein gebe, so romantisiere ich es." (Zit. nach: Rüdiger Safranski, *Romantik. Eine deutsche Affäre*, München: Hanser 2007, S. 13) Da sich aber die unterschiedlichen Strömungen der Romantik überschneiden, lassen sich zentrale Merkmale romantischer Dichtung festhalten, die auch in der Novelle *Aus dem Leben eines Taugenichts* zu finden sind. Dazu gehören u. a.:

Definition von Novalis

- Idee der Universalpoesie
- Sehnsucht nach der Ferne und der Vergangenheit
- Einfachheit und Volkstümlichkeit
- Ablehnung der profitorientierten Arbeitswelt
- Liebe und Religiosität
- Unbewusstes und Traum

Dass die Romantik zur Grenzüberschreitung tendiert, nicht nur in den Gattungen (vor allem Lyrik und Epik), sondern auch in den ausgewählten Themen, zeigt sich ganz besonders im *Taugenichts*. So durchsetzen Gedichte bzw. Lieder die Erzählung, ergänzen oder vertiefen sie und geben ihr einen schwebenden, zeitlosen Charakter. Im berühmten 166. Athenaeum-Fragment verdeutlicht Friedrich Schlegel 1798 diese Grundidee der Romantik:

Überschreitung der Gattungsgrenzen als Grundidee der Romantik

> „Die romantische Poesie ist eine progressive Universalpoesie. Ihre Bestimmung ist nicht bloß, alle getrennten Gattungen der Poesie zu vereinigen [...]. Sie umfaßt alles, was nur poetisch ist [...]. Die romantische Dichtart ist noch im Werden; ja das ist ihr eigentliches Wesen, daß sie [...] nie vollendet seyn kann." (F. Schlegel, *Schriften zur Kritischen Philosophie 1795–1805*, Hamburg: Meiner 2007, S. 29 f.)

Damit formuliert Schlegel einerseits den Gedanken der stetigen Entwicklung und andererseits die ablehnende Grundeinstellung der Romantiker gegenüber der Rationalität der Aufklärung und Klassik. Sie verachten die Regelpoetik, den Regelzwang und jegliche Künstlichkeit von Literatur, stattdessen favorisieren sie Natürlichkeit und freie Gestaltung:

Ablehnung der Regelpoetik

> „Die Durchdringung des Lebens mit dem Prinzip der Nützlichkeit ist für die Romantiker besonders ärgerlich, wenn auch die Kunst und das Künstlertum vor das Forum der Nützlichkeit, der gesellschaftlichen, ökonomischen oder politischen, gezogen werden." (Safranski 2007, S. 195)

Als Gegenpol gilt das Geheimnisvolle, Unbewusste und Exzentrische. Dabei kommt der Welt des Unbewussten eine besondere Bedeutung zu, und der Traum wird zum Sinnbild für das neu entdeckte Unterbewusste. Eines der einflussreichsten Bücher dieser Zeit war Gotthilf Heinrich Schuberts 1814 erschienenes Werk *Die Symbolik des Traumes*.

Die Welt des Unbewussten und des Traums

Viele Romantiker sehnen sich nach dem einfachen Leben und lehnen das Leben in der Stadt ab, damit geht auch die Sehnsucht nach vergangenen Zeiten (bis zurück ins Mittelalter) und vielfach auch nach religiöser Erneuerung (vor allem des Katholizismus) einher. Dieser Sehnsucht entspringen viele Motive, die bei Eichendorff gehäuft zu finden sind, etwa Liebe, Fernweh, Reisen und Wandern, Weltflucht, Waldeinsamkeit, Gärten, Burgen und Schlösser, Postkutschen und Hörnerklang, das einfache Volk und seine Lieder. Die Sehnsuchtsmotive bündeln sich in dem zentralen Motiv der Romantik – der „blauen Blume" als dem Symbol der Harmonie, der Unendlichkeit, der Ewigkeit und der Gottesnähe, aber auch der Unerfüllbarkeit. So scheint die Suche des Taugenichts nach seiner geliebten Frau der Suche der Roman-

Sehnsucht

tiker nach der „blauen Blume“ zu ähneln. Diese scheint zunächst unerfüllbar, bis sie am Schluss nach der Aufklärung etlicher Missverständnisse in einer recht nüchternen Wirklichkeit endet.

## Eichendorffs Auffassung von Dichtung

Eichendorffs Verhältnis zur Romantik lässt sich mit den bedrückten Sätzen des Taugenichts umschreiben: „Es ist, als wäre ich überall eben zu spät gekommen, als hätte die ganze Welt nicht auf mich gerechnet.“ (K 19.18 f. / R 25.24–26) In seinen unvollendeten Memoiren hat Eichendorff diesen Satz für sein eigenes Leben wiederholt (vgl. Schiwy 2000, S. 23). Er gehörte nicht zur Generation der Gründer und Theoretiker der Epoche wie Novalis, Schlegel, Brentano oder Tieck, doch hat er der Romantik mit seiner Lyrik im Volksliedton und den in der Nachfolge entstandenen populären Vertonungen zu einem ungeheuren Erfolg verholfen und sie damit bis ins 20. Jahrhundert bewahrt.

Eichendorff – ein Zuspätgekommener?

In seiner 1846 erschienenen Schrift zur „Geschichte der neuern romantischen Poesie in Deutschland“ untersucht Eichendorff zunächst den geistesgeschichtlichen Gang der Geschichte und kommt zu dem Ergebnis, dass seit der Reformation ein Prozess der Verweltlichung eingesetzt hat. Die Aufklärung habe von der eigentlichen Idee des Christentums wenig übrig gelassen. Das Materielle habe seitdem die Oberhand über das Ideelle und damit auch über die (katholische) Religion gewonnen und das Nützlichkeitsdenken habe das Seelische und das Religiöse verdrängt.

Sieg des Materiellen über das Ideele

Dem will Eichendorff entgegenwirken. Und so ist alle „Poesie nur der [...] seelische Leib der inneren Geschichte der Nation; die innere Geschichte der Nation aber ist ihre Religion“ (J. von Eichendorff, *Werke*, Bd. 6: *Geschichte der Poesie*, hrsg. von Hartwig Schultz, Frankfurt a. M.: Deutscher Klassiker Verlag 1990, S. 13). Insofern gewinnt die Kritik am Philister, die in der Novelle *Aus dem Leben eines Taugenichts* immer wieder durchscheint, eine tiefergehende Dimension: Der Philister ist das Resultat des

Bedeutung der Religion

Verlusts von Religiosität, seine Ichbezogenheit ist das Ergebnis des seit der Aufklärung herrschenden Nützlichkeitsdenkens. Daher muss die Deutung des *Taugenichts* die religiöse Dimension einbeziehen.

Taugenichts als gläubiger Mensch

Der Taugenichts ist ein gläubiger Mensch, der auf seinem Glauben den Optimismus aufbaut, mit dem er in die Welt hinauszieht und sich sogleich in Gottes Hand begibt, wie es das Lied zu Beginn thematisiert. Seine daraus resultierende Naturverbundenheit, Lebensfreude und Fröhlichkeit machen ihn zu einem Musterbild romantischer Einstellung. Natur, so zeigt es auch das Lied, ist Gottes Schöpfung und somit ist Gott in der Natur erfahrbar. Daher kann der Taugenichts auch völlig sorglos durch einsame Wälder wandern:

> „Ringsum war niemand zu sehen und kein Laut zu vernehmen. Sonst aber war es recht anmutig zu gehn, die Wipfel der Bäume rauschten und die Vögel sangen sehr schön. Ich befahl mich daher Gottes Fügung, zog meine Violine hervor und spielte alle meine liebsten Stücke durch, dass es recht fröhlich in dem einsamen Walde erklang." (K 26.18–23 / R 33.31–36)

In Gottes freier Natur gibt es also keine „Laute", die an menschliches Dasein erinnern, sondern nur Naturgeräusche, die die Harmonie der Schöpfung widerspiegeln. Hier, wie auch an anderen Stellen der Novelle, ist die Natur frei und steht im Kontrast zur Welt der Philister und der Arbeit, aber auch des Adels.

# Rezeption

Schon kurz nach dem Erscheinen 1826 wird Eichendorffs *Aus dem Leben eines Taugenichts* recht wohlwollend, jedoch nicht so begeistert wie in späteren Zeiten besprochen. Eine anonyme Rezension in der renommierten *Vossischen Zeitung* vom 31. Mai 1826 sieht in der Erzählung interessanterweise keinen Text der Romantik, sondern einen humorvollen Rückblick auf diese Epoche. Der Rezensent glaubt sogar, dass der Autor einen kritischen Blick auf die Romantik werfe und damit schon auf die kommende, stärker politisch orientierte Literatur hinweise.

Humorvoller Rückblick auf die Romantik

Eine radikale Ablehnung erfährt die Erzählung 1826 durch einen der bedeutendsten Literaturkritiker der Zeit, Wolfgang Menzel (1798–1873). Er findet in der Erzählung „nur langweilige Rührung": „Der Taugenichts taugt auch gar nicht, und hat nicht einen Fetzen von jener göttlichen Bettelhaftigkeit der Tagediebe bey Shakespeare und Cervantes, es fehlt ihm alles, was man Humor nennt." (W. Menzel, „Literatur-Blatt Nr. 63" im *Morgenblatt für gebildete Stände*, 8. August 1926, Stuttgart/Tübingen: Cotta 1826, S. 256) 1859 nimmt Menzel seine scharfe Kritik weitgehend zurück, kritisiert allerdings die Lieder, weil sie nicht zu einem so jungen, unerfahrenen Protagonisten passen.

„Der Taugenichts taugt auch gar nicht"

In der zweiten Hälfte des 19. Jahrhunderts verändert sich der Schwerpunkt der literarischen Kritik am *Taugenichts*. Theodor Fontane schreibt in einem Brief an Paul Heyse vom 6. Januar 1857, der Taugenichts sei die Verkörperung des deutschen Gemüts, er stehe sozusagen für die ganze Nation (vgl. Th. Fontane, *Ach, es ist schlimm mit den Dichtern. Über Literatur, Autoren und Publikum*, hrsg. von Peter Goldammer, Berlin/Weimar: Aufbau-Verlag 1999, S. 109). Thomas Mann nimmt diesen Gedankengang in seinen 1918 erstmals veröffentlichten *Betrachtungen eines Unpolitischen* wieder auf:

Verkörperung des deutschen Gemüts

> „Er ist Mensch, und er ist es so sehr, daß er überhaupt nichts außerdem sein will und kann: eben deshalb ist er der Taugenichts […]. Auch ist sein Menschentum wenig differenziert,

> er hat etwas Abstraktes, es ist bestimmt eigentlich nur im nationalen Sinne, – dies allerdings sehr stark; es ist überzeugend und exemplarisch deutsch, und obgleich sein Format so bescheiden ist, möchte man ausrufen: wahrhaftig, der deutsche Mensch!" (Th. Mann, *Betrachtungen eines Unpolitischen*, Frankfurt a. M.: S. Fischer 1983, S. 381)

Allerdings konnte die Erzählung der Vereinnahmung durch den Nationalsozialismus weitgehend entgehen, denn der vagabundierende Taugenichts, der seine Existenz auf Gottvertrauen aufbaut, war in keiner Weise vorbildlich im Hinblick auf nationalsozialistische Vorstellungen. Anders erging es der Lyrik Eichendorffs. Hier konnte der Heimatgedanke, die Sehnsucht nach deutschen Landschaften und die Lust am Wandern durch das Dritte Reich instrumentalisiert werden.

*Taugenichts* als ein System von Symbolen

Nach 1945 liegt der Schwerpunkt der Betrachtung des *Taugenichts* auf der differenzierten Untersuchung romantischen Erzählens in seiner widersprüchlichen Komplexität. Besonderes Interesse gilt der Symbolhaftigkeit der Naturdarstellung. Sie wird nicht mehr als Kunst der Empfindsamkeit gesehen, sondern als ein System von Symbolen, von denen Eichendorff selbst gesagt hat, dass es eine Art Hieroglyphenschrift sei (vgl. Eberhardt 2000, S. 68).

# Literaturhinweise

## Werkausgaben

Armin, Ludwig Achim von: Von Volksliedern. In: Des Knaben Wunderhorn. Alte deutsche Lieder. Gesammelt von L. Achim von Arnim und Clemens Brentano. München: Winkler 1957.

Brentano, Clemens: Der Philister, vor, in und nach der Geschichte. Scherzhafte Abhandlung. In: C. B.: Sämtliche Werke und Briefe. Bd. 21,1: Satiren und Kleine Prosa. Hrsg. von Maximilian Bergengruen [u. a.]. Stuttgart: Kohlhammer 2013. S. 113–184.

Eichendorff, Joseph von: Werke in einem Band. Hrsg. von Wolfdietrich Rasch. München/Wien: Carl Hanser Verlag 1977.

Eichendorff, Joseph von: Werke. 6 Bde. Hrsg. von Wolfgang Frühwald, Brigitte Schillbach und Hartwig Schultz. Frankfurt: Deutscher Klassiker Verlag 1990.

Mann, Thomas: Betrachtungen eines Unpolititischen. Frankfurt a.M.: S. Fischer 1983.

Nietzsche, Friedrich: Die Geburt der Tragödie aus dem Geiste der Musik. 3. Aufl. Frankfurt a. M.: Insel 2000.

Schlegel, Friedrich: Schriften zur Kritischen Philosophie 1795–1805 Hamburg: Meiner 2007. (Philosophische Bibliothek Bd. 591.)

Wackenroder, Wilhelm / Tieck, Ludwig: Phantasien über die Kunst. Hrsg. von Wolfgang Nehring. Stuttgart: Reclam 1973.

## Sekundärliteratur

Eberhardt, Otto: Eichendorffs *Taugenichts*: Quellen und Bedeutungshintergrund. Würzburg: Königshausen und Neumann 2000.

Freund, Winfried (Hrsg.): Deutsche Novellen: Von der Klassik bis zur Gegenwart. München: Fink 1993.

Gössmann, Wilhelm: Der „Taugenichts“ als literarisches Deutschlandbuch. In: Joseph von Eichendorff. Seine literarische und kulturelle Bedeutung. Hrsg. von W.G. und Christian Hollender. Paderborn/München/Wien/Zürich: Schöningh 1995. S. 143–161.

Günzel, Klaus: Die deutschen Romantiker. 125 Lebensläufe. Ein Personenlexikon. Zürich: Artemis & Winkler 2001.

Haar, Carel ter: Joseph von Eichendorff, *Aus dem Leben eines Taugenichts*. Text, Materialien, Kommentar. München: Hanser 1977.

Hillach, Ansgar: Aufbruch als novellistisches Ereignis. Joseph von Eichendorff: *Aus dem Leben eines Taugenichts*. In: Winfried Freund (Hrsg.): Deutsche Novellen: Von der Klassik bis zur Gegenwart. München: Fink 1993. S. 73–84.

Lehmann, Albrecht: Der deutsche Wald. In: Deutsche Erinnerungsorte. Bd. 3. Hrsg. von Étienne François und Hagen Schulze. München.: C. H. Beck 2009. S. 187–200.
Lurker, Manfred: Wörterbuch der Symbolik. Stuttgart: Alfred Kröner 1991.
Menzel, Wolfgang: Die deutsche Literatur. 2 Bde. Stuttgart: Franckh 1828.
Safranski, Rüdiger: Romantik. Eine deutsche Affäre. München: Hanser 2007.
Schiwy, Günther: Eichendorff. Eine Biographie. München: C. H. Beck 2000.
Schoenbaum, David: Die Violine: Eine Kulturgeschichte des vielseitigsten Instruments der Welt. Übers. von Angelika Legde. Kassel: Bärenreiter/Metzler 2015.
Schultz, Hartwig: Joseph von Eichendorff, *Aus dem Leben eines Taugenichts*. Erläuterungen und Dokumente. Stuttgart: Reclam 2001.

# Prüfungsaufgaben und Lösungen

1 Die Rückkehr in die Heimat

2 Das Motiv des Schlafes

3 Die romantische Abneigung gegen die Philister

4 „Sehnsucht“ (1834)

5 Die Ankunft in Rom

6 Charakterisierung des Taugenichts

7 Der Schluss der Novelle

# 1 Die Rückkehr in die Heimat

## Aufgabenstellung:

Untersuchen Sie den Anfang des neunten Kapitels der Novelle *Aus dem Leben eines Taugenichts* (K 72.17–74.18 / R 87.1–89.8). Ordnen Sie den Text der Romantik zu.

## Lösung:

1. Einleitung:
- Titel, Autor, Textsorte, Erscheinungsjahr;
- Abwendung vom „falschen Italien" nach dem peinlichen Rendezvous mit der korpulenten Gräfin und überstürzte Rückkehr des Taugenichts in die Heimat; Ankunft in der Nähe von Österreich.

2. Hauptteil:
2.1 Gedicht: Lied als Begrüßung der Heimat
- 1. Strophe: Die Berge, die das Heimatland bewachen, fragen, wer „zur Morgenzeit" durch die „Heid" schleicht (Metaphorik).
- Begeisterte Antwort des lyrischen Ichs: „Vivat Österreich" (militärische Parole und Erkennungszeichen gegenüber den Bergen als Wachposten).
- 2. Strophe: Aufgrund des frohen Ausrufs wird das lyrische Ich von der Natur und der Heimatstadt wiedererkannt. Selbst wenn es sich bei dem Turm noch nicht um den Dom von Wien handelt, so ist dieser nicht mehr fern. Natur und Gebäude erscheinen personifiziert.

2.2. Erzählung: Die Studenten als Spiegelbild
- Plötzliche Änderung der Situation: Drei Musiker begleiten beim Näherkommen den Gesang des Taugenichts; dies soll das Lied wohl als bekanntes Volkslied charakterisieren.
- In die „prächtige Musik" (K 73.4 / R 87.21) stimmt der Taugenichts sofort mit seiner Geige ein; er glaubt Gleichgesinnte vor sich zu haben.
- Die drei Gesellen sind überrascht, haben sie den Taugenichts – aufgrund seines „langen Fracks" – für einen (wahrscheinlich wohlhabenden) Engländer gehalten und auf eine Geldspende spekuliert.
- Zunächst kommt nur der Waldhornist zu Wort: Er erklärt, wie man mit Blasinstrumenten besser verdient als mit einer Violine; die Leute geben „Geld oder Essen, damit sie nur den Lärm wieder loswerden" (K 73.29 f. / R 88.17 f.).
- Damit steht ihre Musik im Kontrast zu der des Taugenichts, der sie von Gott herkommend definiert.

- Währenddessen bereiten die beiden anderen ein recht ärmliches Frühstück zu, bei dem Kaffee als aufputschendes Getränk, aber zugleich gegen den Hunger eine besondere Rolle spielt.
- Der Waldhornist verträgt jedoch den Kaffee nicht und lässt dafür extrem sauren Wein auftischen.
- Er ist es auch, der eine „alte zerfetzte Landkarte“ (K 74.13 /R 89.2) hervorholt, um die weitere Marschroute zu bestimmen. Diese Karte stammt aus der Zeit, in der das alte Kaiserreich noch existierte.

3. Schluss: Es stellt sich heraus, dass die Musiker Prager Studenten sind und der Waldhornist verwandt ist mit dem Portier im Wiener Schloss, so dass man beschließt, gemeinsam nach Wien zu reisen.

4. Merkmale der Romantik:
- Verknüpfung von Lyrik und Prosa.
- Verwendung anschaulicher, stimmungsvoller Metaphern im Gedicht zu Kapitelbeginn, das mit seiner einfachen 4-Hebigkeit (Jambus) und den Endreimen Volksliedcharakter hat.
- Die Prosa entwickelt deutlicher die Handlung (plötzliches lautstarkes Auftreten der Studenten, die die Ruhe in der Natur beenden) und setzt sich in Dialogen – fast wie im Drama – fort.
- Zusammen ergibt sich ein gattungsübergreifendes Stimmungsbild mit den Motiven des Wanderns und der Naturnähe.
- Das Motiv der Musik wird variiert; sie gilt als Lärm, mit dessen Beendigung sich Geld verdienen lässt, und als Ausdruck der Lebensfreude des Taugenichts.

## 2 Das Motiv des Schlafes

### Aufgabenstellung:

Untersuchen Sie den Anfang des vierten Kapitels (K 35.21–37.20 / R 44.1–46.11). Gehen Sie dabei auf das Motiv des Schlafes in der Erzählung ein.

### Lösung:

1. Einleitung:
Titel, Autor, Textsorte, Erscheinungsjahr sowie Einordnung in die vorhergehenden Ereignisse.
Nachdem die beiden angeblichen Maler Leonhard und Guido, die eigentlich ein Liebespaar auf der Flucht vor einer „Zwangsheirat" sind, und der Taugenichts am frühen Morgen auf einer Wiese mit Kuchen, Wein und Braten eine Pause eingelegt haben, um nicht zu früh anzukommen, haben sie das Ziel, das Dorf B., erreicht.

2. Hauptteil
2.1 Unvermittelter Beginn der neuen Reise:
Raffung der bisherigen Ereignisse aus der Sicht des Taugenichts (Mühle, Schloss, Portier); knappe Schilderung der Position des Taugenichts: „ich hoch oben" (positive Empfindung), aber benommen von der raschen Fahrt.
2.2. Kurzer Rückblick auf das vorhergehende Geschehen (Abweichung von der linearen Chronologie der Erzählung):
Unterwegs erhält der Taugenichts neue Kleidung (Frack, Weste und Hut), die ihm allerdings zu groß ist.
Empfang durch einen langen, grämlichen Herrn, der die Pferde übernimmt (bezieht sich „zu früh" auf diese Verabredung?). Eine Postkutsche mit vier stattlichen Pferden und einem „prächtigen Postillion" wird sofort bestiegen; Fahrt nach Italien.
Der Postmeister, durch seine Schlafmütze als Philister erkennbar, schaut ihnen nach.
2.3. Chronologische Fortsetzung: Tag und Nacht geht es in rasender Fahrt weiter.

- Der Taugenichts fühlt sich frei wie ein Vogel (Vogelmotiv);
- der Maler Guido unterhält sich gelegentlich aus dem Fenster mit dem Taugenichts;
- Leonhard gefällt dies ebenso wenig wie das Geigenspiel des Taugenichts;
- die beiden Maler verlassen die Kutsche nicht (den Grund erfährt der Leser erst später), die Vorhänge an den Fenstern bleiben zugezogen;
- der Taugenichts bringt ihnen gelegentlich Essen.

- Immer wieder fällt er in tiefen Schlaf, obwohl er „Italien recht genau besehen“ will (K 36.25 f. / R 45.11 f.) (hat er wirklich Interesse an Italien?).
- Erwähnung der Lombardei (die Lombardei ist eine der Hochburgen der Carbonari, die die Trennung von Österreich verfolgten);
- Aufenthalt in einem Poststationsdorf;
- die Maler ziehen sich zurück, der Taugenichts geht in die Gaststube, um einmal in Ruhe zu essen;
- liederlicher Eindruck des Gasthofes, Mägde ungepflegt, Knechte mit Zopf, sehen wie kleine „Herrlein“ aus (Gegensatz zu den Mägden);
- Erinnerung an die wandernden Händler, die zu Hause mit Mausefallen, Bildern und Barometern gehandelt haben (es handelt sich also offensichtlich um eine sehr arme Gegend).
- Die positive Erwartungshaltung des Taugenichts wird das erste Mal korrigiert.

3. Schluss: Ausblick – der negative Eindruck des Taugenichts wird durch die Begegnung mit dem Buckligen noch verstärkt.

4. Deutungsansatz:

- Der Kapitelanfang beschreibt eine übereilte Fahrt nach Italien, die Eile resultiert aus der Flucht der beiden vermeintlichen Maler, was jedoch erst später verständlich wird.
- Der Taugenichts fühlt sich in seinem Unterbewussten ohnmächtig; Wandern, Musizieren, Leben in der Natur sind angesichts der Hetze und Ruhelosigkeit überflüssig, auch wenn er erklärt, sich frei wie ein Vogel zu fühlen.
- Es gibt keine romantisierende Landschaftsbeschreibung, sogar das Geigenspiel wird unterdrückt, auch der Schlaf hat keine heilende Wirkung.
- Die Raffung der Zeit und der Orte erlaubt dem Ich-Erzähler (als erlebendes Ich und als erzählendes Ich) einen Sprung in eine neue Erlebniswelt.
- Nur der Leser stellt sich Fragen und nur ihm fallen Eigentümlichkeiten auf; der Taugenichts lebt ausschließlich in seiner Gegenwart, ohne nachzudenken.
- Selbst das erzählende Ich vermag im Rückblick keinerlei distanzierende Erklärung für die Auffälligkeiten zu geben.

5. Der Schlaf

- Der Taugenichts schläft – wie auch an anderen Stellen – nicht, weil er müde ist; es ist vielmehr „ein entsetzliches und unaufhaltsames Schlafen“ (K 36.30 f. / R 45.17 f.) wie eine Bewusstlosigkeit, die alle Beobachtungen, Erkenntnisse und Erlebnisse auslöscht oder verhindert. Damit erscheint der Schlaf als eine Art Flucht vor der Wirklichkeit.

- Der Schlaf ist in der Novelle ein häufig vorkommendes Motiv, das in gewisser Weise an einen Heilschlaf erinnert, denn danach geht es dem Taugenichts wieder besser, so dass er neue Eindrücke aufnehmen kann. Zugleich ist er auch eine Art paradiesischen Zustands, in dem die Welt von Träumen geprägt ist.

# 3 Die romantische Abneigung gegen die Philister

## Aufgabenstellung:

Schildern Sie das anhand des Novellenbeginns (K 3.1–4.14 / R. 7.1–8.18) das Motiv der Arbeit. Erläutern Sie dabei die Abneigung der Romantiker gegenüber dem Typus des „Philisters".

## Lösung:

1. Einleitung: Titel, Autor, Textsorte, Erscheinungsjahr
Definition: Was in der Erzählung unter Arbeit zu verstehen ist, wird aus dem Vorwurf des Vaters deutlich, wenn er dem Taugenichts vor Augen hält: „du […] lässt … mich alle Arbeit allein tun." (K 3.9 f. / R 7.11 f.) Es geht hier also um körperliche Arbeit, die wie die Feldarbeit seiner Bekannten und Freunde der Produktion dient; die geistige oder künstlerische Tätigkeit bleibt unbeachtet (Musik, Kunst oder Dichtung werden also nicht als Arbeit verstanden).

2. Hauptteil
- Gegensatz Vater/Sohn: Rumoren in der Mühle, Schlaf auf der Schwelle (Mühle = Motiv der gleichförmigen immerwährenden Arbeit; Schwelle = Übergang – hier von der Mühsal zur Heiterkeit des freien Lebens ohne Arbeit).
- Die Kleidung verrät den Vater bereits als Philister (seine Schlafmütze sitzt schief auf dem Kopf).
- Namensgebung „Taugenichts" – im Sinne von: nicht in das Arbeitsleben hineinpassend, nicht dienstbar, nicht hilfreich; der Vater spricht damit dem Sohn ab, seine gesellschaftliche Verpflichtung zu erfüllen; er gibt ihm ein paar Groschen Geld, zeigt jedoch keine tieferen Emotionen.
- Der Taugenichts hatte selbst schon daran gedacht, auf Reisen zu gehen. Anstoß für diese Gedanken ist die Goldammer, die im Frühling gerufen habe: „Bauer, behalt deinen Dienst!" (K 3.19 / R 7.22 f.) (dabei klingt aber auch an, dass die Situation sich im Winter umkehrt; vgl. hierzu das Lied der wandernden Prager Studenten, K 81 f. / R 97 f.).
- Beim Verlassen des Dorfes beobachtet er voll heimlicher Freude die Bekannten und Kameraden, die „zur Arbeit hinausziehen, graben und pflügen", und zwar „wie gestern und vorgestern und immerdar"(K 3.24–26 / R 7.29 f.). Die Zeitangabe wirkt wie im Märchen.
- Den Gegensatz zur Arbeit bilden Gesang, Geigenspiel und die Freiheit des Wanderns.
- In seinem Lied vertieft der Taugenichts diesen Gegensatz von Arbeit und Freiheit in der Natur;

- dabei nennt er diejenigen, die zu Hause bleiben, die „Trägen“ und bezeichnet damit diejenigen, die ihr Dasein im „Kinderwiegen“ sehen und in Sorgen und Not leben.
- Demgegenüber begeben sich diejenigen, die in die „weite Welt“ reisen, in Gottes Hand, erbauen sich an der Natur als Spiegel Gottes und können in der Gewissheit leben, dass Gott ihre „Sach' auf's Best' bestellt!“ (K 4.14 / R 8.18).

3. Das Motiv der Arbeit

Generell ist Arbeit für den Taugenichts etwas Negatives, etwas, das die Freiheit beschränkt, vom wirklichen Leben abhält und nur von Philistern ausgeübt wird (Vater, Portier, Dienstpersonal im Dorf). Selbst der Adel, der nicht arbeitet, ist nicht wirklich frei wie der Taugenichts.

Als Gegenmodell gelten ihm die Musik, Schlafen und Träumen sowie die Freiheit des Wanderns. Im Garten des Schlosses lebt er als Gärtner wie im Paradies, erhält Lohn, trinkt Wein und geht seiner Liebe zur schönen Frau nach; wie ein Paradiesvogel hockt er in den Bäumen. Kurzfristig scheint er dem Philistertum etwas Positives abzugewinnen, wenn er als Zolleinnehmer auch äußerlich als Philister auftritt, doch rasch sehnt er sich wieder nach Freiheit.

4. Merkmale des Philisters

Schon äußerlich kann man den Philister an der Schlafmütze (Attribut des deutschen Michel = Kollektivsymbol für die Wesensart des schwerfälligen, tölpelhaften deutschen Volkes) erkennen. Hinzu kommen weitere Kennzeichen wie Pfeife, grüne Pantoffeln und Schlafrock. Die Philister im *Taugenichts* (Vater, der Portier, der Bauer, Zolleinehmer) zeichnet aus, dass sie Menschen ohne besondere geistige Bedürfnisse sind, die am Sonntag zur Kirche gehen, in der Arbeit gefangen sind und selbst das Geigenspiel als Arbeit (wie der Portier) empfinden. Ihr Lebensglück besteht – aus der Sicht des Taugenichts – in erschöpfender Arbeit (wie der Vater), Kindergebären, Tabakgenuss und Kirchenfrömmigkeit. Immer wieder allerdings klingt die Bitterkeit durch, dass der Philister in ungemütlichen Zeiten zu Hause in der Wärme sitzt (vgl. das Lied der Prager Studenten).

# 4 „Sehnsucht“ (1834)

**Joseph von Eichendorff: Sehnsucht**

Es schienen so golden die Sterne,
Am Fenster ich einsam stand
Und hörte aus weiter Ferne
Ein Posthorn im stillen Land.
Das Herz mir im Leibe entbrennte,
Da hab ich mir heimlich gedacht:
Ach, wer da mitreisen könnte
In der prächtigen Sommernacht!

Zwei junge Gesellen gingen
Vorüber am Bergeshang,
Ich hörte im Wandern sie singen
Die stille Gegend entlang:
Von schwindelnden Felsenschlüften,
Wo die Wälder rauschen so sacht,
Von Quellen, die von den Klüften
Sich stürzen in die Waldesnacht.

Sie sangen von Marmorbildern,
Von Gärten, die überm Gestein
In dämmernden Lauben verwildern,
Palästen im Mondenschein,
Wo die Mädchen am Fenster lauschen,
Wann der Lauten Klang erwacht
Und die Brunnen verschlafen rauschen
In der prächtigen Sommernacht. –

(Zit. nach: J. von Eichendorff, *Werke in einem Band*, hrsg. von Wolfdietrich Rasch, München/Wien: Carl Hanser Verlag 1977, S. 30 f.)

## Aufgabenstellung:

Untersuchen Sie das Gedicht. Gehen Sie dabei auf Übereinstimmungen mit der *Taugenichts*-Novelle ein, ordnen Sie das Gedicht der Romantik zu.

## Lösung:

**Thema des Gedichts:** Sehnsucht und Fernweh eines unbekannten lyrischen Ichs

**Inhalt:**
- Die erste Strophe schildert die sehnsüchtige Haltung des lyrischen Ichs, das in „einer prächtigen Sommernacht“ am Fenster verharrt und den Klängen eines Posthorns lauscht;
- das Fenster signalisiert die Grenze zwischen der Geborgenheit der Wohnung und der Außenwelt; dabei wird die Einsamkeit des lyrischen Ichs betont.
- Der Klang des Posthorns erscheint als Motiv des Aufbruchs und der Reise in die Ferne und versetzt das lyrische Ich in begeisterte Stimmung;
- doch es ist an Pflichten gebunden, wie seiner Klage (eingeleitet durch die Interjektion „Ach“) zu entnehmen ist, und kann sich nur in seiner Einbildung den Wunsch nach einer räumlichen Veränderung erfüllen.
- So findet das lyrische Ich die Erfüllung seiner Phantasie und Wünsche im Lied der Gesellen, die von rauschenden Wäldern singen, von wilden Wasserfällen und einer Gegend im Mondschein, die das Motiv-Repertoire der Italiensehnsucht enthält mit verwilderten Gärten, Palästen, Marmorstatuen, Brunnen, Lautenmusik und Mädchen.
- Es bleibt unklar, ob die Wandergesellen dies wirklich erlebt haben oder ein Volkslied mit diesen Motiven singen. Die Wiederholung der letzten Zeile „In der prächtigen Sommernacht“ in der 1. und 3. Strophe verknüpft das Hörerlebnis des lyrischen Ichs und der Mädchen und deutet an, dass es sich hier wie dort um ein Sehnsuchtsmotiv handelt.
- Die Mädchen wiederum spiegeln sowohl den Standort als auch die Empfindungen des lyrischen Ichs der 1. Strophe wider – sie bleiben beide in ihren Zimmern, lauschen am Fenster und geben sich Sehnsuchtsgedanken hin. So werden auch hier die beiden Ereignisse zu einer emotionalen Einheit verknüpft.

**Form:**
- Schlichte Form – drei Strophen mit acht Versen im Kreuzreim;
- jedoch zweigeteilt: Z. 12 macht durch den Doppelpunkt deutlich, dass hier das ins Gedicht eingeschobene Lied der Gesellen beginnt;
- dreihebige Verse wechseln häufig jambisch und daktylisch, ergeben damit einen unruhigen, tänzerischen Rhythmus.

**Epochenzuordnung:**
Klänge bestimmen – wie häufig in der Romantik und bei Eichendorff – das Gedicht, so dass es als klingende Landschaft erscheint: Posthorn, Gesang der

Gesellen, Waldesrauschen, Rauschen der Wasserfälle, Brunnenrauschen, Lautenklänge.
Weiterhin lässt es sich aufgrund der Motive und der Gefühlsstimmung der Epoche der Romantik zuordnen: Zentrale Motive sind Zauber und Geheimnisse der Natur (Mond, Wälder, rauschende Quellen, Waldesnacht); hinzu kommen Sehnsucht, Einsamkeit, Fernweh, Posthorn, Liebe, Reise, Gärten und Paläste, Sommernacht, Musik, junge Mädchen.

**Vergleich zum *Taugenichts*:**
Dieses Motivgeflecht bildet auch das Wesen der Novelle. Phantasie und Gefühl sind die bestimmenden Elemente der Novelle und des Gedichts. Die Realität dagegen lässt sich nur erahnen.
- Wie im *Taugenichts* ist auch das Gedicht durchsetzt mit Personifikationen der Natur: schwindelnde Felsenschluchten, sich stürzende Quellen, verschlafen rauschende Brunnen.
- Wie in der Novelle rückt auch im Gedicht das einfache Volk mit seinen Liedern und Erlebnissen in den Vordergrund, als Gegensatz zur Phantasielosigkeit der Philister.
- Allerdings verbirgt sich hinter dem lyrischen Ich ein offensichtlich mutloser Mensch, der sich seinen Träumen hingibt, anstatt einen Aufbruch zu wagen.

**Interpretationsmöglichkeit:**
Eichendorffs eigene Situation ähnelt der des lyrischen Ichs; gebunden durch Familie und Beruf kann er seiner Sehnsucht nach fernen Ländern nicht folgen. Er muss sich begnügen mit der fiktiven Teilnahme an Erlebnissen und am Leben in der Natur, z. B. durch die Lieder. Aber er weiß, dass er nicht allein ist in der Unterdrückung der Verwirklichung seiner Sehnsucht.

# 5 Die Ankunft in Rom

## Aufgabenstellung:

Untersuchen Sie die Ankunft des Taugenichts in Rom (K 54.18–56.20 / R 65.24–68.4). Erläutern Sie dabei das Venusmotiv.

## Lösung:

1. Einleitung: Titel, Autor, Textsorte, Erscheinungsjahr
Textzusammenhang: Die 1826 erschienene Novelle *Aus dem Leben eines Taugenichts* von Joseph von Eichendorff begleitet einen jungen Mann, den sein Vater als Faulpelz bezeichnet und aus dem Haus geworfen hat, auf seiner von Zufällen bestimmten Reise von der väterlichen Mühle über ein Schloss in Wien und ein geheimnisvolles Schloss im Gebirge bis nach Rom. Nach seiner Flucht vor einem vermeintlich mörderischen Komplott im Schloss und einem anscheinend verrückten jungen Mann erreicht er die Außenbezirke von Rom.

2. Hauptteil
2.1. Inhaltliche Aspekte:
- Rom als Kindheitstraum (wie im Märchen) vor der Mühle im Gras;
- bei der Ankunft Blick auf das nächtliche Rom im Mondschein aus der Ferne;
- mögliches Hindernis: die einsame, unheimliche, unheilige Heide (Frau Venus als Verführerin und die Heiden);
- Überwindung der „Versuchung“: das heilige Rom als Märchenbild (die Kindheitserinnerung wird Realität: goldene Kuppeln im Mondschein; singende Engel in goldenen Gewändern);
- Einzug in Rom: prächtiges Tor, Paläste, Brunnen und Gärten, Marmor; dennoch ambivalente Erfahrung: „lumpiger Kerl, wie ein Toter“ (K 55.21 f. / R 66.36);
- Gesang im Garten; folgenreiche Verwechslung mit der „schönen gnädigen Frau“, weil dasselbe Lied gesungen wird, das sie zu Hause sang;
- Gefühlsausbruch des Taugenichts; Erinnerung an das Missgeschick im Wiener Schloss, als ihn eine Fliege zum Niesen brachte;
- Eindringen in den Garten, fälschliche Einbildung, seine Angebetete (an den zierlichen Füßchen) zu erkennen.
- Die weiße Gestalt erinnert an Gespenstergeschichten.
- Der kleine Unfall (hier der Sprung von der Mauer) ist das Motiv, das sich mehrfach wiederholt und eine ironische Brechung der Gefühlsebene darstellt.

2.2. Rom als Sehnsuchtsort der Kindheit
- Als Kind hat der Taugenichts von Rom gehört.
- Im Gras liegend hat er sich schon damals Rom erträumt und ein Phantasiebild am blauen Meer ausgemalt (Rom liegt nicht am Meer) mit goldenen Toren und glänzenden Türmen.
- Bei prächtigem Mondschein erblickt der Taugenichts zunächst das Meer (also bestätigt sich hier das kindliche Phantasiebild), dann Rom als langen Nebelstreif (gespenstisch – wie danach die einsame Heide) in Form eines Löwen (Symbol des Evangelisten Johannes, zugleich Symbol der Auferstehung);
- Rom erscheint aber auch als heidnischer Ort (Venus und Heiden);
- das Rom, das der Taugenichts betritt, ist Spiegel des kindlichen Rom (goldene Engel, goldene Kuppeln), damit wechselt die realistische Darstellung der Wanderung über die Heide in die irreale Welt der Kindheitsphantasie, die sich zu bestätigen scheint;
- der Einzug in Rom verknüpft alle positiven stereotypen Elemente Roms (prächtiges Tor, Paläste, Marmor, rauschende Brunnen, Wohlgeruch), aber auch andeutungsweise negative (lumpige Kerle, die auf Marmorschwellen schlafen, wie später auch der Taugenichts);
- Rom erscheint als verwirrende Stadt.

2.3. Sprache
- Der Beginn des siebenten Kapitels ist gekennzeichnet durch einen sprachlich erzeugten Schwebezustand, hervorgerufen durch die Verwendung des Konjunktivs (als kämen, als ständen, sängen, hätte weinen mögen – Irrealis).
- Hinzu kommen Vergleiche, die eine eigene Deutung verlangen: wie ein eingeschlafener Löwe, wie dunkle Riesen, wie im Grabe, wie ein Toter.
- Mit dieser Methode verknüpft Eichendorff Erlebtes, Gedachtes und Erträumtes.

3. Das Venus-Motiv
- Es erscheint in knapper Andeutung und verdeutlicht vor allem die Versuchung.
- Rom zeigt sich als vorchristlicher Ort, an dem die Liebesgöttin verehrt wurde.
- Der Taugenichts ignoriert den Mythos, verfällt dann aber selbst dem sirenenhaften Gesang einer Unbekannten, die er nur aufgrund des Liedes für seine Geliebte hält.

# 6 Charakterisierung des Taugenichts

## Aufgabenstellung:

Charakterisieren Sie den Taugenichts, beziehen Sie sich dabei vor allem auf die Seiten K 27.7–29.16 / R 34.23–37.3. Welche Rolle nimmt das junge Mädchen ein?

## Lösung:

1. Einleitung (= Einordnung in den Gesamttext):
Das dritte Kapitel der Novelle leitet über zur Wanderung des Taugenichts nach Italien. Nachdem der Taugenichts das Wiener Schloss verlassen hat, wendet er sich nach Italien, denn dort sorge der liebe Gott für alles. Allerdings weiß er kaum etwas über sein Ziel, zudem kennt er den Weg nicht und irrt im Wald umher, bis er auf einer Wiese einen Hirten sieht. So wie zuvor der Bauer sich über den Taugenichts geärgert hat, weil dieser sogar den Kirchgang versäumt hat, erregt sich der Taugenichts nun über den „Faulenzer", weil er selbst sich „in der Fremde herumschlagen und immer attent" (K 27.1 / R 34.16) sein muss. Der Hirte nimmt kaum Notiz vom Taugenichts, weist ihn aber in die Richtung zum nächsten Dorf.

2. Hauptteil:
2.1. Der Taugenichts ist ein sorgloser Einzelgänger und Wanderer, der sich an der Natur erfreut und in Zuversicht auf die Fürsorge Gottes lebt; er ist ausdauernd und optimistisch, immer den richtigen Weg zu finden.

- Auf seinen Wanderungen bleibt er weitgehend allein und genießt diese Ungebundenheit.
- Immer wieder sind es glückliche Zufälle, die ihm nicht nur Begleitung, sondern auch Unterkunft verschaffen, so dass er sich in seiner Einstellung zur Welt immer wieder bestätigt fühlt und ohne Argwohn die Welt ‚erobert'.
- Auch im vorliegenden Kapitel wird er durch das Zusammentreffen mit den beiden flüchtenden Liebenden in einem Gebirgsschloss aufgenommen.
- Die Einsamkeit beunruhigt den Taugenichts erst, wenn es dämmrig und still wird („mir fing beinah an angst zu werden", K 27.11 / R 34.26 f.); dies mag mit Märchen von Räubern zusammenhängen, die seine Mutter erzählt hat.
- Häufig fällt er dann in tiefen Schlaf.

2.2. Der Taugenichts ist religiöser Mensch, der von Beginn an sein Schicksal in Gottes Hand legt; aus dieser Einstellung heraus hat er ein naiv positives Verhältnis zu seinen Mitmenschen, er ist vertrauensvoll und offen; mit seiner

Musik vermag er die Herzen der Dorfbewohner so zu erfreuen, dass die jungen Burschen, aber auch die Alten aus ihrer philisterhaften Abendbeschäftigung (Pfeifenrauchen) ausbrechen und tanzen; die Menschen sind „wie umgetauscht" durch seine Musik, die der Taugenichts als Gabe Gottes bezeichnet. Empört weist er daher das Geld zurück, das einer der jungen Burschen ihm geben will.

2.3. Als Geigenspieler erobert der Taugenichts die Welt, die Geige ist sein Sprachrohr, Ausdruck seiner Gefühle und Vermittlerin von Sinneseindrücken. So kann er mit ihr sofort ein junges Mädchen für sich einnehmen. Der Taugenichts spricht wenig, umso intensiver vermag er durch sein Instrument zu kommunizieren.

2.4. Als Liebender fühlt sich der Taugenichts unmittelbar vom Äußeren des jungen Mädchens angezogen, er hätte sie küssen mögen, doch weiß er nicht, wie er sich in dieser Situation verhalten soll. Das junge Mädchen muss erst eine Rose fallen lassen, damit der Taugenichts zu ihr spricht. Grund dafür ist keineswegs seine Schüchternheit, sondern seine fehlende Ausdrucksfähigkeit, die sich auch am Schluss zeigen wird, als Aurelie ihn aufklärt.

2.4. Der Taugenichts kann als ideale Verkörperung des romantischen Menschen gesehen werden. Sein Gefühlsüberschwang bei der Wanderung durch die Natur, seine Sensibilität gegenüber allen Lebewesen, seine Musikbegeisterung und seine Gottesfurcht, sein grenzenloses Vertrauen in den glücklichen Verlauf der Reise und seine Ablehnung der Philister sind Kennzeichen, die ihn als unschuldig naiven, poetischen Menschen kennzeichnen, der im Gegensatz zum aufgeklärten, pragmatischen und intellektuellen Vertreter der Klassik steht.

3. Die Rolle des jungen Mädchens: Gegenpol zum Taugenichts

Zwar scheint dem Taugenichts das junge Mädchen mit ihren „perlweißen Zähnen", den „roten Lippen" und dem zunächst selbstbewussten Auftreten durchaus zu gefallen, zumal ihr Vater nicht unvermögend ist. Als er das verlockende Angebot des jungen Mädchens überdenkt („Hammel und Schweine, Puter und fette Gänse mit Äpfeln gestopft", K 30.13 f. / R 38.1 f.), verfällt er fiktiv in die Rolle, die er schon kurzzeitig als Zolleinnehmer eingenommen hat, nämlich die des Philisters. Zu dieser „Laufbahn" würde die Liebe zu dem hübschen Mädchen führen, die ganz offensichtlich, so wie sie dem Taugenichts ihr Angebot unterbreitet, ein Philisterleben anstrebt. Doch wieder einmal verhindert der Zufall, nämlich der Rauswurf des Barbiers aus der Wirtsstube und die Ankunft des flüchtenden Liebespaares, dass der Taugenichts seinen „vom lieben Gott" vorbestimmten Weg verlässt.

# 7 Der Schluss der Novelle

## Aufgabenstellung:

Analysieren Sie den Novellenschluss (K 89.21–91.21 / R 106.5–108.18). Gehen Sie dabei auf die Verhaltensweise von Aurelie ein.

## Lösung:

1. Einleitung – Einordnung in den Kontext: Dem Schluss kommt in dieser Novelle eine entscheidende Bedeutung zu. Erst die letzten Seiten bringen die Auflösung der rätselhaften Ereignisse und verwirrenden Personenkonstellationen. Zunächst erklärt Graf Leonhard dem Taugenichts die Hintergründe für die Verkleidung von Flora und erläutert die Rolle des Taugenichts in dieser Liebes- und Fluchtgeschichte. Dabei stellt er den besonderen Erfolg des Taugenichts heraus, ohne den die Flucht vor der Gräfin nicht gelungen wäre. Währenddessen erschallen die Musikinstrumente der Studenten und des Portiers. Vor diesem Lärm flieht Aurelie, und der Taugenichts folgt ihr.

2. Hauptteil:

2.1 Beide flüchten vor dem Lärm und treffen sich in einem Sommerhaus.

- Aurelies Blick fällt durch ein Fenster (typischer Blickwinkel der Romantik; vgl. das Gedicht „Sehnsucht", S. 117) auf das Tal und auf die abendlich dämmrige Natur, damit haben beide sich aus der freien Natur in die Geborgenheit eines Hauses begeben (Beginn der Sesshaftigkeit?).
- Der Sonnenuntergang hat einen „rötlichen Duft" hinterlassen (zwei Sinne werden in einem Bild angesprochen: Synästhesie – typisches Merkmal der Romantik).
- Die Stille der Natur wird durch das Rauschen der Donau überspielt; das heimatliche Geräusch überdeckt also die Stille, die auch unheimlich wirken könnte.
- Zum ersten Mal steht der Taugenichts nun allein seiner angebeteten schönen Frau gegenüber und bringt kein Wort heraus;
- „aus Respekt", wie er sagt, das hieße entweder aus Achtung oder Wertschätzung oder aber aus ehrerbietiger, furchtsamer Scheu vor einer höhergestellten Person;
- hier aber wohl eher ‚aus Unbeholfenheit'.
- Zwar bemerkt er die Gefühlserregung der jungen Frau und greift nach ihrer Hand;
- aber es ist dann Aurelie, die entschlossen handelt und den Taugenichts fest in ihre Arme schließt.

2.2. Anschließend fasst sie sehr redselig die Geschehnisse nach dem Weggang des Taugenichts zusammen; dann errät sie klug den Grund für seine „Flucht" nach Italien.
2.3. Während der Taugenichts „seelenvergnügt" zuhört, knacken er, später auch Aurelie – in dieser intimen Situation überraschend und komisch, vielleicht sogar lächerlich – Mandeln; dieser satirische Bruch in der gefühlvollen Atmosphäre zeigt die ironische Distanzierung des Autors von der Harmonie des Augenblicks (typisches Merkmal der Spätromantik).
2.4. Aurelie bestürmt erneut in ihrem Gefühlsüberschwang den Taugenichts mit Neuigkeiten:

- Der Graf hat ihnen ein weißes Schloss geschenkt, denn er ist dem Taugenichts dankbar, dass er indirekt seine Flucht mit Flora unterstützt hat;
- dazu gehören auch die Merkmale einer romantischen Idylle: ein Garten und Weinberge;
- gleichzeitig erfährt der Taugenichts, dass die Liebesgeschichte von Flora und Leonhard mit der Entführung Floras aus einem Pensionat begonnen hat;
- und schließlich klärt sich auch die Herkunft Aurelies.

2.5. Im letzten Absatz gibt Aurelie den Rat ihres Onkels, des Portiers, weiter: Der Taugenichts solle sich „eleganter kleiden".
Die Kleidung, die er dann vorschlägt, erweist sich allerdings als das englische Pendant zum deutschen Michel (John Bull) mit Frack, Kniebundhosen, Stiefeln und Zylinder (anstelle des Strohhuts).
In seiner Euphorie erklärt der Taugenichts, nach der Hochzeit nach Italien reisen zu wollen, zusammen mit den Prager Studenten und dem Portier. Damit stünde die Reise im Widerspruch zur Absage des Taugenichts an Italien. Entsprechend reagiert Aurelie ohne konkrete Zustimmung mit einem stillen Lächeln, was wohl eher als eine zurückhaltende, wenn nicht ablehnende Reaktion zu verstehen ist.
Der letzte Satz fasst noch einmal stimmungserzeugende Merkmale romantischer Dichtung zusammen: Musik, stille Nacht und Leuchtkugeln, Gärten und die rauschende Donau, um dann wie in einem Märchen zu enden: „es war alles, alles gut!"

3. Aurelies Verhaltensweise:
War Aurelie im Verlauf der Handlung kaum als Charakter erkennbar, nur vereinzelt sinnlich fassbar und vom Taugenichts lediglich durch stereotype Adjektive beschrieben, so gewinnt sie zum Schluss hin deutlich an Profil. Sie zeigt ihre Liebe, ergreift die Initiative und „fällt dem Taugenichts um den Hals". Aber auch ihre Verwirrung wird erkennbar.
Redegewandt berichtet sie von ihrer Enttäuschung, dass der Taugenichts im Sommer nicht zurückgekehrt ist, und erinnert sich genau an das Fest, auf dem er sie das letzte Mal gesehen hat (Auftritt auf dem Balkon; Anspielung

auf die sogenannte Balkon-Szene in Shakespeares *Romeo und Julia*); also hat sie schon damals sehr genau beobachtet, wo sich der Taugenichts aufhielt. In einem ununterbrochenen Redefluss klärt sie alle Missverständnisse auf, während der Taugenichts nicht mehr weiß, wo ihm „der Kopf steht vor lauter unverhofften Neuigkeiten“ (K 90.37 f. / R 107.29 f.). Ihr stilles, vergnügtes Lächeln signalisiert einerseits Einverständnis mit der Heirat, andererseits ihre Eigenständigkeit in der Beurteilung der Situation.

# Stichwortverzeichnis